千江月 編著

Live in the moment

選擇放下，活在當下

放下偏執的看法，
才能快樂
活在當下

伊比鳩魯曾經寫道：「人不是被事情本身困住，而是被自己對事情所抱持的看法困擾。」的確，很多人的生活之所以無法過得快樂，往往是因為心中的偏執作祟，無法放下自己對諸多人、事、物的主觀認知所致。

只要懂得放下心中那些纏繞自己的偏見、成見，我們就可以讓自己過以前從來沒擁有過的「智」在快樂生活。

法國文豪巴爾札克曾說：「追求心靈享受的人，應該是行李越輕越好。」
的確，如果追求過多，並且斤斤計較得失，就會讓自己的「心靈行李」越沈重，也就越會讓自己舉步維艱，陷入痛苦的深淵。
人生在世，超過一半以上的困擾和煩惱，其實都來自於我們不懂得適時「放下」，才會讓自己陷入自尋煩惱、自作自受的心靈禁錮之中。

●千江月

出　版　序

選擇放下，才能活在當下

只要我們懂得欣賞自己的人生，
抱著樂觀進取的生活態度，
即使吹出來的泡沫大小不一，
小泡泡裡的彩虹都會一樣美麗。

　　頂級風水師紅塵寫的暢銷小說《華爾街風水師》裡有段話說：
「吉和凶、好和不好，都是相對存在的，如果我們不明白這個道
理，就會一輩子陷於不現實的尋找中，會迷失了活著的意義。」

　　現代人之所以活得不快樂，不單單是經濟因素，更關鍵的原
因正是「陷於不現實的尋找中」，內心充斥著對幸福的虛幻想像，
一味活在過去和未來，不願意活在當下！

　　我們總是沉湎於過去，憧憬著未來，不願意睜開眼睛面對真
實的人生，才會讓自己活得痛苦萬分。過去已經過去了，未來只
能預期，人必須放下不切實際的幻想，坦然面對此時此刻，如此
就算外在環境再怎麼糟糕，也能擁有自在快活的人生。

　　幸不幸福，是心靈與生活的光合作用，而不在於獲得或失去
什麼。生活不會因為成長的背景不同，或是上帝賦予的使命不同，
而讓生命有不同的價值落差，因為，真正能賦予我們價值的人，
只有我們自己。

　　波紀兒是一個重度弱視的女孩，她累積了五十多年的人生經

驗，寫下了《我希望能看見》一書，與大家分享她的人生觀。

　　書中，她寫著：「我只有一隻眼睛，眼睛上還滿是疤痕，我只能透過眼睛左側的一個小洞，去看我想看見的世界。但是，我幾乎是看不見的，閱讀時，我必須將書幾乎貼在臉上才能看見。」

　　一些人因為身體殘缺，經常期待別人憐憫與幫助，波紀兒卻非常排斥這個想法，她一點也不願意人們的幫忙。她說：「我是個正常的人，請你們以正常的眼光看我！」

　　小時候，她想跟其他小孩一起玩跳房子，可是她看不見地上畫的線。於是，她靜靜地等其他孩子們回家後，一個人趴在地上，把「房子」的線條記得清清楚楚。直到下一次，她就可以輕鬆自在地跳格子了。

　　好勝心強的她，也真的一如「常人」般努力向學，甚至表現得比任何人都要優秀。她不僅拿到明尼蘇達州立大學的學士學位，後來更在哥倫比亞大學拿到了碩士學位。

　　不久，她開始擔任教職，同時也參與婦女俱樂部，並經常在俱樂部裡發表演說。她的生活觀受到人們的認同與支持，還被邀請到電台主持節目，與更多的人分享她的樂觀人生。

　　不過，在這個樂觀的背後，居然還藏著一個不為人知的秘密，書中她這麼寫著：「在這個階段裡，我的腦海深處經常懷著一種恐懼，其實，我是很害怕完全失明的。還好，為了克服這個恐懼，我學會詼諧的人生態度，日子也過得相當快活！」

　　也許是上天心疼波紀兒，就在她五十二歲那天發生了一個奇蹟。在動完一個小手術之後，她居然「完全」看見了。

　　她在書中說：「那是一種新生，美麗的世界給了我全新的開始。你知道嗎？當我『第一次』看見水槽裡的泡沫時，心情快樂得飛了起來。每當我的手一伸進水中，抓起一把又一把的泡沫時，

我都會把它們迎向陽光，因為那實在美極了。而且我還看見在每一個泡沫裡，都有一道美麗彩虹呢！」

哲學大師伊比鳩魯曾經寫道：「人不是被事情本身困住，而是被自己對事情所抱持的看法困擾。」

的確，很多人的生活之所以無法過得快樂，往往是因為心中的偏執作祟，無法放下自己對諸多人、事、物的主觀認知所致。

只要懂得放下心中那些纏繞自己的偏見、成見，我們就可以讓自己過著以前從來沒擁有過的「智」在快樂生活。

從許多堅強的殘障朋友身上，我們總是能看見生命的無限可能，與動人的生命樂章；反觀，許多看似身體健全的人，卻好像老是期待自己是個殘缺的人，好獲得人們的同情與特殊待遇。因為認識生命的程度不同，也因為人生定義的標準不同，我們的人生才會有這麼大的不同，甚至是落差。

懂得為何而生活的波紀兒曾說：「不管我們如何出現，也不管成長背景有多麼不同，我們只需知道：對生命來說，我們一樣都是人。」

生活是內心活動的真實投射，幸福的秘訣就是隨遇而安，減輕無謂的心理負擔，不在自己的心靈套上枷鎖。只要我們懂得欣賞自己的人生，懂得珍惜自己，抱著樂觀進取的生活態度，即使吹出來的泡沫大小不一，小泡泡裡的彩虹都會一樣美麗。

最後必須說明的是，本書《選擇放下，活在當下》是作者舊作《該放下的時候就放下—智在生活篇》與《放下就會幸福》的全新增修合集，除了針對內容進行修訂之外，另外也增加了十多篇新稿，謹此向讀者說明，感謝您的支持。

不要壓抑，做真實的自己

不必刻意壓抑自己，更不必戴上面具，
只要我們能表現出最真實的自己，
人們一定會給我們最真切的擁抱與支持。

穩定情緒才能解決難題

失控的情緒很難想出解決方法。
與其慌張失措地陷在困擾中，
何不先穩定情緒，慢慢地找出辦法呢？

Part 5

命運好壞，就在你的方寸之間

希望命運能夠轉變，
就別放棄自己的意志力和努力，
因為那是我們的生活能量，
更是我們改變未來命運的唯一助力。

Part 6

選擇放下，活在當下

只要我們能把握住「當下」，
那麼我們便已同時掌握住了昨日、
今天與明天。

Part 7

快樂工作是醫治病痛的良藥

不妨先放下手上的工作，
仔細想想你要的是什麼，
只要你一想通了就別再猶豫。

Part 8

不要被過多的期望牽絆

簡單果決地掌握住自己的需要，
並確實地將精神集中在一個目標上，
然後我們才能慢慢地讓心中
每一個夢想都達到高峰。

培養興趣是一項重要的生活條件，
在興趣中建立目標，
不但能使自己活得快樂，
也能讓人感受到蓬勃的生命力。

放下沒必要的煩惱

生活中的煩惱，

其實與外在的人事物無關，

因為人生的決定權一直在我們的手裡，

煩惱也是如此。

用快樂的心情面對困境

從「心」開始，給自己多一點快樂的微笑與支持。
當你準備大展身手前，開心一點，快樂一點，你一
定能順利完成！

「unwell」的意思，是指不快樂的身心狀況，這個字在英文
裡意即「疾病」，是由「不」與「安樂」兩個字所結合而成。

一個人如果身心不安樂，非但不會有圓滿而成功的結果，反
而會因為心中積滿怨懟的負面情緒，導致人際關係冷漠，甚至出
現心理或生理疾病。

想要減輕自己的身心負擔，唯一的方法就是讓自己快樂起來。

經過哈佛大學心理學系教授們的長期研究，發現快樂與犯罪
行為之間，有一個最大的關連，那就是荷蘭的一句格言：「快樂
的人永不邪惡。」

他們還發現，許多罪犯都是來自於不快樂的家庭，而且他們
的人際關係也非常不佳。種種不快樂的因素加起來，讓他們的性
格產生極大的偏差。

耶魯大學的心理學者辛德勒博士，對「挫折」這項問題也研
究了十年，最後他所獲得的結論是：「我們對於別人的不道德與
敵視，其實都是源自於我們自己的不快樂。」

辛德勒博士在研究專論中還說：「追溯精神病的源頭，我們也發現，主因還是在不快樂的問題上。所以，想治好他們的病情，我認為唯一的方法，就是讓他們先快樂起來。」

此外，有一項調查顯示，保持愉快心情的企業家，他們習慣看見「事情的明朗面」，所以他們比悲觀的人更能突破困境。正因為如此，這些樂觀的企業家也比其他人，更能獲得非常的成就。

要怎樣才能讓自己保有快樂的心情？

方法很多，但是大多數人都本末倒置了。因為，我們經常安慰自己：「好好地做，你很快就會獲得愉快的生活！」

希望功成名就的人，則會不斷對自己說：「忍一忍，苦一苦，只要成功了，快樂自然來！」

不管是哪一個情況，這些快樂背後其實都背負著許多條件，一旦不合乎自己的期望，或是無法達成時，快樂恐怕永遠都不會出現了。

從辛德勒博士的研究中，我們可以說：「一切，從快樂的心情開始。」

從「心」開始，給自己多一點快樂的微笑與支持，你就能獲得想要的成功。

當你準備大展身手前，可以對著鏡子裡的自己這麼說：「開心一點，快樂一點，你一定能順利完成！」

放下沒必要的煩惱

生活中的煩惱，其實與外在的人事物無關，因為
人生的決定權一直在我們的手裡，煩惱也是如
此。

奧地利作家茨威格在談論大航海家麥哲倫的功績時，曾經說：
「人生最大的幸福，就是讓自己的心境保持平和安靜。」

這是因為，一個人的心境倘若無法保持平和安靜，就會自尋
煩惱，讓自己的心靈充滿不必要的負擔。

自尋煩惱的人經常會為了一件小事心煩，也容易把事不關己
的一切攬到身上，只是當自己費盡心力在想辦法應付時，可能會
聽見相關的人說：「啊，我早就忘了！」

麥西是個很容易自尋煩惱的人，為了一個小小的問題，他可
以從早到晚，不斷哀聲嘆氣：「唉，怎麼會這樣呢？我快被煩死
了！」

每當艾琳看見麥西又在哀聲嘆氣，都會生氣地說：「還不是
自找的！」

有一天，在辦公室裡，麥西聽見艾琳的批評，當場生氣地上
前質問：「妳為什麼要落井下石？」

艾琳看著青筋暴露的麥西，冷冷地說道：「我才沒有落井下

石呢！」

麥西氣憤地說：「怎麼沒有，我明明聽見妳說：『那是你自找的！』」

艾琳不以為然地說：「難道不是嗎？從早到晚，你只會不斷地說：『怎麼辦？怎麼辦？』然而在抱怨之後，你又解決了多少事情？還有，有些事根本就與你無關，你卻不停地批評別人處理得不夠好，又說自己可以做得比他們好。但是在我看來，你連自己的事情都還沒有解決，又有什麼資格去批評別人？還有，每天你一踏進門，我們看見的就是一張臭臉，一坐下來就開始說：『唉，今天的事真多。』」

麥西小小聲地喃喃自語著：「本來就是！」

艾琳看著他，繼續說：「你可以不必這樣的，每天都可以是一個全新的開始。我們希望一起共事的伙伴，每天都能帶著活力笑容進門，不管今天的工作量有多大，我們一坐到工作崗位上，只需要開始今天的第一步，並一項一項地完成、解決。我相信，在一天結束之後，我們都可以輕鬆快樂地下班，而明天又會是一個全新的開始。」

麥西聽見艾琳一大串地說了出來，吃驚地看著她：「難怪妳總是能把事情輕鬆完成。」

艾琳看著有點喪氣的麥西，緩和了口氣，安慰著他說：「其實，你也可以！只要你一早起來，不要再把『我擔心做不完』的念頭加諸給自己，那麼，你也可以像大家一樣，快樂地完成一天的工作。」

「還有，」艾琳微笑著對他說：「希望你明天能帶著笑容來公司。」

你是否也像麥西一樣，經常把煩惱放在前面，讓自己跟隨著它前進？

　　有人面對不順遂的人生，總是一笑置之；有人平順了大半生，卻因為一個偶然發生的小挫折而倒地不起。

　　這說明生活中的煩惱，其實與外在的人事物無關。

　　人生有光明面，當然也有黑暗面，也許有人要問：「我面對的是光明面，還是黑暗面？」

　　答案其實就在我們自己的心中，因為人生的決定權一直在我們的手裡，煩惱也是如此。

不說，有一天你會後悔

不想有遺憾，就不能有人被犧牲，既然你可以給
只有一面之緣的朋友一個擁抱，那麼你更要給身
邊的人一個真情的擁抱。

　　我們都習慣把生活中的人事物，以「輕重緩急」一一分類，
然後把心中認為「最不重要的」，放到最後或角落邊。

　　這樣分類的結果，有人會按部就班地把最後和角落裡的事完
成，但也有人從此遺忘了。

　　有一次，激勵大師戴爾・卡耐基為一群中年人上課時說：「今
天的作業是，在下個星期回來上課前，請大家回去對你身邊的人
說，你愛他！請注意，你們挑選的對象，必須是從未聽你說過這
句話的人，或者是很久沒聽你說這句話的人。」

　　這項要求看起來很簡單，但是對這些大部份年過四十的學員
來說，卻是件很麻煩的作業，因為對這些習慣隱藏情感的中年求
人來說，要如此大剌剌地表露情感，實在是件難為情的事。

　　一個星期過去了，卡耐基微笑地走了進來，問道：「有沒有
人願意主動分享他的作業心得呢？」

　　這時，有個男學員舉起了手，神情激動地說：「上星期聽你
交代這項作業後，我的心中就充滿了壓力。但當我開車回家時，

想了很久，終於讓我找到了對象。我知道有很多人等著我說『我愛你』，但是，你也知道的，自從五年前我和父親爭吵後，我們就一直在冷戰中，甚至父子倆還得刻意地避不見面，即使在聖誕節這類重要聚會上碰面，我們仍然沒有任何交談。」

男學員停了一下，繼續說：「不過，上個星期我想通了，回到家時，我告訴我自己，我一定要告訴父親，其實我很愛他。」

忽然，男學員的神情一變，滿臉幸福地說：「你知道嗎？當我這麼一想，心中的壓力頓時輕了許多，這似乎預告著我，一切會很順利似的。於是，我一回到家，就衝進房間中告訴太太這個決定。老婆一聽，忽然緊緊地擁著我，那天我們聊了一個晚上，感覺真棒！」

這個幸福的男學員又停了一下，接著說：「第二天一早，我到辦公室打電話給父親，告訴他：『爸爸，今天我想回家，因為我有些事想告訴您。』父親以為我又想找他麻煩，便暴躁地回答：『到底是什麼事？』我沒有多做解釋，因為我想當面對他說出心中的話，所以，我只說：『我保證不會花很長的時間！』最後，父親答應了。」

「下班後，我立即趕回家中，沒想到是父親來幫我開門。一看見滿頭白髮的父親，我不想再等待，便馬上說：『爸，我只是來告訴你，我愛你！』你知道我看見什麼嗎？我父親伸出雙手，上前擁抱著我說：『我也愛你啊！兒子，我也好想對你這麼說，但是我卻一直無法說出口。』」

男學員看著卡耐基，繼續說道：「這一刻對我來說真的非常珍貴，當時我真希望時間就這樣停住，媽媽滿臉淚水地走了過來，我親了她一下，再回頭與父親擁抱了好久！」

說著，這個男學員突然低下了頭：「其實，這一段不是我要

說的重點。我真正想說的是，在擁抱後的第二天，患有心臟病的父親忽然發病去逝了，我真的沒有想到會這樣。所以，我想告訴大家，你知道必須做的事情千萬別再遲疑，就像我，如果當初有任何遲疑，沒有立即讓父親知道我心中的愛意，那麼我將永遠失去這樣的機會，心中也將有無限的遺憾，不是嗎？」

　　相同的故事不斷地發生在我們的身邊，或許正發生在你我身上，是吧？

　　看著這位卡耐基學院的男學員差點造成的「遺憾」，你是否也憶起了那個一再被你遺忘的「角落」？

　　每當家人說「找個時間回家」時，你的回答是不是也和多數人一樣，煩躁地說：「最近很忙，沒空！」

　　是真的沒空，還是那不在你最重要的計劃範圍內？

　　家人是我們最容易略過的重點，因為我們總是認為，他們懂得犧牲並體諒我們，但是以忙碌與無暇照顧為藉口的我們，一有困難時，急切地尋找的靠山，難道不是最親的家人嗎？

　　不想有遺憾，就不能有人被犧牲，既然你可以給只有一面之緣的朋友一個擁抱，那麼你更要給身邊的人一個真情的擁抱。

　　因為，有件事你一定很清楚，他們所做的一切只是為了你！

試著用愛意取代恨意

只要有顆真心的愛，愛不必盡訴，人們一樣會感
受到你的疼愛，並回饋你相同的關愛。

多數宗教或激勵課程都教導我們，要盡情地把愛說出來，也
要努力地把愛分享給每一個人，然而，我們真能面面俱到，沒有
遺漏嗎？

當我們頻頻詢問對方，是不是真的疼愛我們時，其實正表示
我們心中對於這份愛還是存疑的，不是嗎？

別再等待對方盡訴愛意，因為，真正的愛很多時候是難以啓
齒的，有些人也只懂得用樸實、粗糙的小動作來表現，只要我們
能細心體會，不再存疑，自然會發現自己想要的真愛。

某個雲淡風輕的午后，尼爾和穆斯塔法正坐在公園休息聊天，
尼爾忽然說：「我愛每一片綠葉……」

穆斯塔法看著尼爾，質疑地問：「你怎麼啦？什麼每一片綠
葉你都愛？嗯！聽說有些綠葉具有劇毒，不但吃了會喪命，就算
是不小心碰到了，皮膚也會潰爛，難道這樣的毒葉你也愛？」

尼爾淡淡地說：「我愛每一片無毒的綠葉……」

穆斯塔法聽了頗為好奇，於是接著又問：「你為什麼只愛綠

葉？難道你不愛紅色的葉子？」

尼爾再次淡淡地說：「我愛每一片無毒無害的葉子，不管它是綠的、紅的，還是金黃的。」

穆斯塔法似乎故意想找麻煩，於是又問：「你為什麼只愛葉子？為什麼不愛花朵，不愛果實？」

尼爾有點無辜地說：「我當然也愛花朵啊！不過我不愛有毒的花，比如罌粟花，我也愛果實，但是不包括有毒的果實。」

穆斯塔法繼續追問：「但是，如果沒有根部努力地吸收營養，又怎麼會有枝葉、花朵和果實呢？」

尼爾同意地點了點頭說：「我也愛每一條根鬚！」

最後，穆斯塔法忍不住說出他心中真正的問題：「你不覺得，你什麼都愛，其實也等於什麼都不愛？」

尼爾不解地問：「那你認為什麼是愛？」

穆斯塔法說：「我認為，有恨才有愛，我實在搞不懂，你為何只熱衷於愛，卻絲毫不提恨呢？」

尼爾回答說：「喔！既然有愛，當然也會有恨。只是，我的愛意多過於恨，而且無法盡訴！」

穆斯塔法對尼爾的要求很吹毛求疵，從他的一連串質疑中，我們更能看出他的狹隘與偏頗，因為他似乎認為，愛應該一字不漏地掛在嘴巴上，而且既然有愛，就不可能沒有恨。

然而，愛一定要與恨一搭一唱地出現嗎？此外，心中的愛真的得點滴不漏地表示出來嗎？

不需要吧！

正如尼爾想說的：「我的愛多過於恨，即使無法說盡，我也

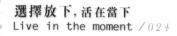

會讓人們清楚地明白我的真心。」

只要我們心中拿得起放得下，愛過之後就不會有恨，因為只要心中的愛能持續，我們很快就會獲得另一個更體貼的愛意；只要有顆真心的愛，愛不必盡訴，人們一樣會感受到你的疼愛，並回饋你相同的關愛。

唱一首屬於自己的主題曲

每個人都擁有著相同的視野，只要調整自己的角度，每個人都能看見世界的美麗，也能聽見屬於自己的幸福之歌！

每個人都會有一首自己的主題曲，而且每一首曲子都一定是曼妙快樂的，因為，不會有人喜歡悲傷的歌，更不會有人喜歡天天高唱傷心之歌。

既然如此，我們何不認真地挑選一首屬於自己的主題曲，為自己快樂地放聲高歌呢？

吃過午飯後，亞特在路上遇到了一位盲人歌者，只見他拄著手杖，並伸出了右手，等待著路人們的施捨。

亞特經過他的面前，放了幾個銅板在他手中。

這時，盲人說了聲：「謝謝，祝你健康。」

聽到後面那一句祝福時，亞特忍不住好奇地想：「眼前這個開心為人祝福的盲人，到底是怎過完這一天呢？」

於是，亞特站到附近的一部車子旁邊，細心地加以觀察。

他發現，這個盲乞丐居然一整天都筆直站著，很少間斷的歌聲讓人感覺得到歌聲裡的驕傲。

至於行人的反應則不相同，有人好奇地大方駐足欣賞，有人

則快速走過他的身邊，在這個人潮擁擠的都市叢林中，大部分的人根本無暇注意他，亞特心想：「還好他是個瞎子，看不見人們的冷漠表情。」

想到這，亞特再次上前，問他：「吃過午飯了嗎？」

盲乞丐停止歌唱，轉頭朝著亞特說話的方向說：「是有點餓了。」

於是，亞特買了一份三明治和冷飲請他吃。

盲人一面吃，一面向亞特介紹自己說：「我今年二十八歲，跟父母親和七個兄弟住在一起。」

亞特看著他，忍不住問道：「你一生下來就看不見了嗎？」

盲乞丐搖搖頭說：「不，是小時候發生意外造成的。」

他似乎不想再談細節，亞特便不再多問。

看著盲乞丐，亞特心想：「我們年齡相仿，但是人生處境卻有天淵之別，我享受一切最平順的生活，然而，他卻在貧困中長大，似乎也沒什麼好經歷。真了不起啊！雖然他是個赤貧的乞丐，但是，他卻用歌唱過自己的生活，而且是如此勇敢地大聲唱著。」

亞特再次仔細地聆聽他的歌聲，這首歌似乎是他僅有的一切，就算沒有人施捨，他還是擁有那首歌。

隨即他又發現：「為什麼他的神情看起來是那樣的滿足？」

突然他意識到一件事，原來盲人是因為感到滿足而歌唱，在歌聲與祝福聲中，他快樂地傳遞著這樣的意念：「明天的歡喜是源自今天的包容，包容那些無法改變的事實。」

亞特抬起頭，看了看川流不息的「面孔」，一張張冷漠、職業化的臉，一張張永不滿足的臉，他忽地打了一個冷顫。

走過了一條街，亞特仍然聽得見盲丐的歌聲，抬頭仰望著天空，不禁感慨地說：「看不見的他其實有雙敏銳的眼啊！而我徒

有一對明亮的眼睛，卻得透過他的心眼，才能看見生命之美。」

居住在摩登城市中的你，是不是也和亞特一樣，經常得從別人的眼中驚覺：「原來，我們的世界是這樣美麗！」

因為情緒不同，因為延續的氣氛出了狀況，不管樂曲多動聽，旋律多麼輕快，不同的人聽見這首曲子時，接收到的感受與心得也不盡相同，甚至同一首歌，被人們拿來寄託或抒發的目的也會不同。

就像亞特和盲乞丐在同一首歌中的不同感受，一個聽見了宿命的抒發，聽見了自己囚困生活的哀弔樂音；一個則是單純的歡唱，樂天知命的歡唱。

別再等到別人哭泣，我們才發現自己的幸福，更不必等別人指引，才能看見美麗世界的角度。

每個人都擁有著相同的視野，只要調整自己的角度，每個人都能看見世界的美麗，也能聽見屬於自己的幸福之歌！

懂得分享，就會更加快樂

不管是情人、親人還是陌生人，只要我們願意不
分親疏與他們共享快樂，下一秒，我們就能獲得
相同的幸福與快樂！

還記得小時候我們一起舉著手，宣示「我為人人，人人為我」
的那股高昂而快樂的情緒嗎？

從小，我們就懂得「助人為快樂之本」的滿足感，也很清楚
知道「獨樂樂不如眾樂樂」的重要性，但是，為什麼現在的我們
卻老是繃著臉，不願與別人分享快樂呢？

在克拉克與父親的前面，有對父母帶了八個小朋友一起在排
隊，他們也正等著購買門票，好欣賞這難得一見的馬戲團表演。

那些小朋友，開心地手牽手，乖巧地跟在父母親的身後，他
們的情緒是興奮的，因為，他們正熱烈地討論著海報上的小丑與
大象。

克拉克看著他們，心裡想：「今晚，肯定是孩子們最快樂的
時光。」

這時，售票員問：「請問，您要多少張票？」

只見八個孩子的父親，帶著滿臉驕傲與幸福的神情，回答：
「請給我八張兒童票和兩張全票，我帶了全家人來看馬戲團表

演。」

　　然而，當售票員說出總金額時，這個父親的笑容頓時消失了，孩子們的媽媽也把頭低了下去，原本相當開心的父親，上前小聲地問售票員：「您剛剛說多少啊？」

　　售票員又報了一次價格，父親滿臉歉意地看著孩子們，似乎有話要說，但是，只見他的嘴唇動了動，卻怎麼也說不出口。

　　克拉克看著父親，小聲地說：「他好像不夠錢耶！」

　　父親對著克拉克點了點頭，接著悄悄地從口袋裡，拿出一張二十元鈔票，並技巧地讓它掉在這個父親的身旁，然後他又蹲了下去把鈔票撿起來，並對那個父親說：「先生，不好意思，這二十元是從你口袋裡掉出來的。」

　　這個父親一看，當然猜出其中原因，滿臉感激地看著克拉克的父親，並用雙手緊緊地握住克拉克父親的手。

　　他泛著感激的淚光說：「謝謝你，先生，今晚這張二十塊錢的鈔票，對我和我的家人意義重大啊！」

　　雖然，這天晚上克拉克和父親無法進去欣賞馬戲表演，但是，克拉克對父親說：「爸爸，我今晚好開心喔！」

　　人生是快樂或痛苦，端視你看待生活的態度，如果你懂得選擇放下，懂得用開闊的態度和別人分享快樂，生活就會過得快活。

　　從分享快樂的氣氛散開，馬戲團的小丑、孩子們的笑容、犧牲與分享價值中，相信你也感受到故事中沒有間斷的幸福感吧！

　　是犧牲還是擁有？是放棄還是得到？

　　我們從克拉克的話中，就可以知道答案了。一張二十元的鈔票，從原本只有兩個人的快樂，又多出了十個人的快樂，不是「擁

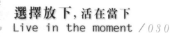
有」是什麼？

　　人與人之間分享快樂，沒有犧不犧牲的問題，只不過是我們對於快樂的價值界定不同罷了。

　　當我們高唱著對情人的包容時，也把這個觀念帶進日常生活中吧！因為，不管是情人、親人還是陌生人，只要我們能為他們著想，願意不分親疏與他們共享快樂，下一秒，我們就能獲得相同的幸福與快樂！

不要用恨意來激勵自己

別再四處尋找敵人的蹤跡，更不要老想著如何扯
對手的後腿，因為，聰明的人用正面的態度與方
法，經營自己的人生花園。

在過去的傳統社會，我們常常見到，上一代的對立延續到下
一代，不僅讓兩家人變本加厲地對峙，更因為子孫的繁衍而讓仇
恨繼續擴大，甚至釀成社會的潛在危機。

在這個習慣尋找「敵人」用以激勵自己的社會，有多少人相
信，與人和善相處反而更能創造成功的奇蹟？

陌明從小便勤練武功，因為他有一個心願，希望長大後能報
殺父之仇。

到了成年，他終於完成了這個心願，將殺父仇人給殺了。

只是，當他看見仇人的兒子時，卻又產生了同理心，心生內
疚的他，發現這樣的報仇行為其實不太正確。

看著仇人的兒子，他不禁想著：「當年，我也和這個孩子一
樣年紀，也許等這孩子長大後，也會為了報殺父之仇而來殺我，
唉！如此一來仇恨循環不已，似乎將永無了結之日。」

於是，陌明想出了一個辦法，他隱瞞自己的身份，並收養了
仇人的兒子為徒弟，從小教他詩書、武藝及為人處世的道理，最

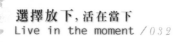

後還將女兒許配給他。

仇人之子和小時候的陌明一樣，從小「報仇雪恨」四個字也從不離口，而且練武態度比陌明當年更加積極。

當仇人之子長大時，陌明便告訴他：「你可以去找你的殺父仇人了。」

隨即，陌明把家人全部聚集在大廳前，向他們宣佈：「我準備到寺廟裡修行佛法，你們不必勸阻我，一切皆有其因果。」

第二天，仇人之子與陌明分別上路了。

仇人之子幾經打聽，最後才得知，原來他的殺父的仇人竟然就是自己的師父。內心極其矛盾與痛苦的他，想著師父的疼愛與愛妻，實在進退兩難。

當他來到寺廟裡，拜見陌明時，沒想到陌明卻冷靜地告訴他：「我早就知道自己會有這麼一天了，孩子，這是因果，逃不了的，你還是殺了我吧！因為，一切會在這裡結束的！」

於是，陌明便從容地死在女婿的劍下。

心神俱疲的仇人之子回到家中，只見他的妻子嘆了口氣，似乎明白丈夫的不得已，她上前拿走了丈夫的劍，並說：「我們將這把劍給埋了吧！以後我們兩家再也沒有仇恨了。」

刀劍埋了，過去的恩恩怨怨也終於埋葬，再也不會傳給下一代，這就是「葬劍亭」的由來。

人們常問：「冤冤相報何時了？」

報仇心切的陌明到頭來才發現，原來記住仇恨是件相當辛苦的事，特別是當他終於等到了報仇雪恨的機會時，同時也看見了另一個無辜的仇家遺孤，一如當年的自己。於是，他明白，如果

仇恨不能在自己身上結束，兩家人必將綿綿不絕地廝殺下去，那不僅對自己無益，更對後代子孫有所傷害，所以他決定：「一切在這裡結束！」

其實，當你心中有著揮之不去的怨懟與怨恨時，真正痛苦的人不是你仇恨的對象，而是你自己啊！

如果，你想享受人生，希望日子過得快活舒暢，並愉快地迎接成功未來，那就別再四處尋找敵人的蹤跡，更不要老想著如何扯對手的後腿，因為，聰明的人只會積極與人結善，積極地與人重修舊好，用正面的態度與方法，經營自己的人生花圃。

讓惱人的意外變成生活的驚喜

不管是停電或停水，甚至是工作中的緊急狀況，
抱怨或逃避，對已經發生的事實，一點助益也沒
有，何不換個角度看事情呢？

生活中會有許多突發狀況，不要把它當成痛苦的折磨，只要
我們懂得運用、轉化，它們就會是生活中的意外驚喜！

「意料之外」是生活中必備的插曲，旋律是否悅耳，不在於
音符的本身，而是取決於譜曲的人，也就是接收到小狀況的你，
如何譜出這一段小插曲，是讓意外變得惱人，還是把意外轉變為
驚喜！

「又停電了！真是討厭，電力公司在搞什麼鬼？老是說停就
停，實在令人火大！」無預警停電的時候，我們經常聽到有人怒
氣騰騰地大叫著。

很多人都習慣文明帶來的便利，一旦遇到停電或缺水的情況，
即使只有一分鐘也抱怨不已，任由時間白白消逝，因為他們只顧
著讓情緒高漲或慌張失措，而不去思考如何解決問題。

只是，晚一分鐘上網不行嗎？少看一分鐘的電視很痛苦嗎？
少吹一分鐘的冷氣就受不了了嗎？當生活從享受便利，轉變成依
賴便利時，我們也慢慢失去某些自然界賦予的生命本能和禮物，

像是會依氣候變化而調節體溫的能力，像是必須在無光害下才能看見的滿天星斗。

停電時，你會怎麼度過這段時間呢？

你可以放下手邊永遠做不完的工作，來到窗口，享受自然的涼風吹拂；也可以全家聚集在客廳，點盞燭燈，聆聽孩子們學琴的成果；更可以走出大門，在月光的陪伴下，一家人享受難得的散步時光。

停電的時候，你可以安慰自己：「只有在這個時候，我們才能看見如此耀眼的星星。你看，星光把夜空織成了美麗的綢緞，而月亮正是綢緞上最出色的別針，這一切只有在停電的時刻，才能看見它們的美麗，也只有在這樣的黑暗中，我們才能感受到星月的溫暖和明亮。」

停電的時候，你會出現暴躁的情緒，還是採取隨喜的生活態度？不管是停電或停水，甚至是工作中的緊急狀況，有人選擇抱怨，也有人選擇逃避。然而，不管是抱怨或逃避，對已經發生的事實，一點助益也沒有。

既然無益身心，我們何不換個角度看事情呢？

停電時，我們何不走出戶外，享受一下自然風。說不定你還會聞到夜來香的氣味，那是在冷氣房裡所享受不到的自然風味。

擔心工作做不完嗎？

誰說一定要在日光燈的關照下，才能把工作完成？

伴著月光，創意和靈感說不定更能盡情揮灑！

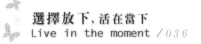
各退一步,幸福才能更進一步

> 要從我們自己開始,學會體貼分擔,聽見家人們
> 對你的真正心意,那麼,你自然會獲得其他人的
> 相同對待。

法國哲學家伏爾泰曾經如此寫道:「對於亞當,天堂是他的家,而對於他的後裔,家就是天堂。」

人生最大的幸福和歡樂,建立在親密無間的家庭關係中。

但是,對於家人,不知道為什麼,很多人總是不願發揮包容心,不願退讓,總是習慣用直接而火爆的方式與家人們溝通,當然也更容易糾起了彼此的心結,讓原本血緣至親的人,從此反目成仇。

從前,有戶人家每天都會從屋裡傳來吵架的聲音,如此不和睦的家庭生活,連他們自己都感到痛苦。

當他們發現隔壁鄰居一家人,居然可以每天都傳出笑聲,一家和樂的過日子時,不禁十分羨慕,認為他們一定有特殊的秘訣,於是這家愛吵架的女主人,便前往請教家庭和睦的方法。

門一打開,只見快樂家庭的男主人笑著走出來,女主人連忙問他:「你們家每天都好快樂喔!從來都沒聽過你們吵架的聲音,能不能請您告訴我,其中有什麼秘訣嗎?」

這個男主人聽了笑著回答說：「喔！因為我們家每一個人都是壞人，所以當然不敢吵架囉！」

女主人呆呆地看著男主人，因為她完全聽不懂，心想：「因為都是壞人，所以不吵架？這什麼道理？」

女主人想了想，忽然感覺深受嘲諷，便不高興地轉頭離開。

直到第二天，她偷偷觀察後才明白，男主人所謂的「壞人」的道理。

因為，這天快樂家庭有一輛腳踏車被偷了，於是一家人來到後院，希望能找出原因，結果她聽見他們的對話，竟是如此：

一個說：「唉！都是我的錯，居然沒有把大門關好！」

另一個聲音則是：「不是你的錯，都是我忘了鎖門，是我害了大家。」

接著，另一個人又說：「是我的錯啦！都是我把車子放在院子裡，才會被小偷輕易偷走的。」

聽他們搶著承認犯錯，女主人終於明白，原來所謂的「壞人」，就是承認自己犯錯，並體諒其他人的疏忽，如此一來，一家人的心便不會被這麼一件小事干擾，讓相互體諒的心思，把家人繫得更加緊密。

是承認自己有缺點，也是相信對方的好，這是故事中幸福家庭的溝通重點，也是「相互體貼」的最佳表現。

為了找到溝通的平台，也為了建立幸福家庭的環境，家人之間何不各退一步，互相分擔彼此的責任？

因為，那不僅能讓彼此多一點溝通的空間，更能拉近一家人的心！

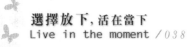
　　每個人都渴望家庭幸福，也更期待一家人溝通無礙，所以，我們別再等待家人的「明白」，而是要從我們自己開始做起，學會體貼分擔，聽見家人們對你的真正心意，那麼，你自然會獲得其他人的相同對待。

　　能夠如此，我們的幸福生活自然會更進一步！

PART 2

真心包容
就是最好的互動

我們也可以為自己尋求更多的避風港，

只要對人多付出一些真心。

當你能包容別人時，

人們自然也非常願意包容你。

改變態度就能改變人生

只要心中充滿歡樂，樂觀的想法就會在歡樂的氣
氛中慢慢展開，快樂的人生也就在樂觀的想法中
慢慢形成。

　　人生絕大多數的困惱，都來自於偏執的想法。走出困惱的最
好方法，就是「選擇放下，活在當下」。

　　選擇放下，你的內心就不會有過多煩惱與怨懟；活在當下，
你的腦海就不會堆滿悲觀而負面的想法。

　　日常生活中，我們經常看見樂觀的人與悲觀的人。

　　或許，你也會想，爲什麼有人就是能那麼開心，有人卻總是
哭喪著臉？

　　世界一直都沒有多大的改變，許多事物之所以看起來不一樣，
只是每個人觀看時的心態不同罷了，樂觀的人總是看到樂觀的一
面，而悲觀的人也總是看到悲觀的一面。

　　這天下午，馬德來到一間珠寶店選購飾品，爲了舒服地挑選
珠寶，便將隨身帶的包包放在旁邊。

　　不久，有個衣著講究、儀表堂堂的男子，朝著馬德站立的櫃
台走了過來。

　　這時馬德禮貌地拿起了包包，讓出位子給這位男子站立，但

是沒有想到，這個小動作卻惹惱了對方。

只見這個男子微慍地說：「先生，您放心，我是個相當正直的人，絕對不會偷您的包包。」

馬德還搞不清楚狀況時，這個感覺自己「受到屈辱」的男子立即轉身，走出了珠寶店。

站在馬德身邊的經理，笑著對他說：「我們知道你是無心的，那是他看世界的角度，再多的解釋也沒用。」

馬德明白地點了點頭。

在這件事之後的星期一早上，一覺醒來的他，因為一想到又要在單調無聊的工作中度過一天，心情頓時又跌到谷底。

當他塞在車陣中，緩慢地朝著市中心前進時，耐不住性子的他，怒火越燒越旺。

最後，他獨自在車廂內破口大罵起來：「搞什麼鬼！為什麼世界上有那麼多笨蛋能拿到執照？這些人不是開得太快，就是像烏龜走路一樣，真該吊銷他們的執照！」

這時，路口有一輛大卡車開了過來，馬德心裡猜想：「這個沒水準的傢伙一定會直衝過去！」

但是，就在他用不屑的眼神，盯著旁邊的大卡車時，卡車司機居然把頭伸出窗外，並滿臉笑容地朝著他揮手。

這時，馬德猛然想起珠寶店經理說的那番話，並仔細回味著卡車司機的笑容，心胸豁然開朗起來。

就在這一刻，馬德的心情完全改變，因為他知道：「人們因為態度與角度的不同，才會讓相同的世界有著不同的面貌！」

美國一家專賣甜甜圈的店門口，掛著這樣一個招牌，上面寫

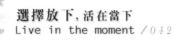
著：「樂觀者和悲觀者的差別是：樂觀的人看見的是美味的甜甜圈；而悲觀者看到的卻是甜甜圈上的洞。」

就像甜甜圈的理論，我們看見的事物，往往不是事物本身的樣貌，而是我們心中所想的。

我們希望尋求什麼樣的東西，那麼，最後便會看見那個東西，即使你我所看見的東西是相同的。

你希望擁有快樂的人生嗎？

那麼，請先大笑幾聲吧！

只要心中充滿歡樂，樂觀的想法就會在歡樂的氣氛中慢慢展開，快樂的人生也就在樂觀的想法中慢慢形成。

眼睛就是心境的反映

> 每個人都有一對記錄人生的雙眼鏡頭，倘使不想
> 讓鏡頭裡記錄的全是不愉快的畫面，那聰明的你
> 就應該懂得如何取材。

每個人都有一對明亮的雙眼，可以四處欣賞美麗世界，同時也可以到處觀看灰暗人間。一切都取決於這對眼睛的擁有者，希望讓自己動人的雙眸看見什麼樣的世界。

在每個人的心中，也都有一面鏡子，它最大的功能就是要照映自己，看看我們有沒有走偏了人生的路，或是用錯了生命態度。

如果，今天我們看了一部很爛的影片，相信沒有人會想再看第二遍。

然而，很諷刺的，很多人卻不懂「放下」的道理，喜歡在自己的心中，不斷地重複放映那些讓自己心情變差的生活爛片。

小敏與阿瑛就是兩個不同的例子，她們很喜歡一起參加聚會，也很喜歡帶著相機或攝影機記錄生活的點點滴滴。

然而，當人們向她們借來欣賞時，每個人都發現，在小敏的影片裡總是缺乏歡樂感，而阿瑛的則完全相反。

就像某天的家庭聚會中，小敏拍攝到的畫面是一對滿臉愁容的面孔，即使宴會中充滿著愉快的樂音，小敏大半的焦點，全放

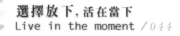

在夫妻吵嘴的畫面。

小敏還失望地說：「唉，這個聚會都被他們破壞了，真糟糕！」

但是阿瑛卻完全不同，她在每一個角落裡，捕捉到人們的大笑畫面，與不斷朝她揮手致意的人。

許多人開心地向她打招呼，更有人上前與她熱情擁抱。

阿瑛笑著說：「哇，這場宴會真是愉快！」

透過攝影機捕捉到的鏡頭，就是我們心境的反應，我們用什麼樣的心態面對生活，就自然而然地表現在生活的面貌之中。

就像天空飄過了一片烏雲，有人會這麼想：「唉，世界這麼悲慘，連老天爺都為之掉眼淚！」

可是，也有人會這麼說：「好哇，快下雨吧！把我昨天的煩惱與不快，全部沖洗掉吧！」

理性的人很容易抑制自己的某些情感，感性的人則容易受到外在環境影響，然而不管你是怎麼面對人生，有一件事你一定要知道，那就是每個人都有一對記錄人生的雙眼鏡頭，倘使不想讓鏡頭裡記錄的全是不愉快的畫面，那麼，聰明的你就應該懂得如何取材。

生活真的可以快樂一點

> 生活中什麼狀況都可能發生，我們無法提早預料，也不可能完全預防，但是我們可以預先準備好面對的心態。

樂觀的人因為心境時時處於愉快狀態，所以生活處處都有著歡樂，相同的，悲觀的人因為容易陷入憂鬱狀態，所以時時為了小事苦惱。

其實，不管遇見什麼倒楣的事，只要你設法減輕壓在心頭的那些重擔，生活就可以可以快樂一點。

心理學家說，抗拒憂鬱的最佳藥方，就是每天大笑三聲。

當世界各地不約而同出現教導人們大笑的課程時，或許你也發現，自己似乎很久沒有笑過了。

是你原本就不喜歡「笑」，還是因為太專注於競爭，讓「笑」的功能慢慢地退化了呢？

有一對小夫妻剛渡完假回來，到家時已經是半夜三更。

兩個人累得行李都沒拿，便空著手回到房間，而且是一倒頭就呼呼大睡。

第二天醒來時，他們這才想起行李還放在車上，想拿下來整理，但是，當他們來到車庫時，居然找不到車子的蹤影。

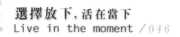

　　車子不見了，雖然有保失竊險，但是渡假拍攝的精采照片與妻子購買的紀念品，也跟著車一起消失了。

　　妻子垂喪著臉，難過地說：「怎麼會這麼倒楣呢？早知道，昨天晚上先把東西拿下來就好。」

　　丈夫看著極度沮喪的妻子，安慰她說：「別難過了，我們還有很多快樂回憶啊！無論如何，車子是不見了。但想起昨天的快樂，我們不如繼續保持這個心情，別被這件事給影響了。生活可以快樂一點，是吧！」

　　妻子聽了丈夫的話，覺得很有道理，立即轉憂為喜，還帶著愉快的心情，與丈夫一同到警局報案。

　　不久，車子找回來了，雖然車身被磨損得傷痕累累，只是行李箱等東西全部還在。

　　小夫妻立即前去認領，並開心地把車開回家。

　　但是，就在回程的途中，一個不小心卻撞到了別人的車，這會兒車子不僅傷得更重，還有一筆賠償要付。

　　這次，換丈夫沮喪了，不禁懊惱地自責說：「怎麼開車這麼不小心呢！」

　　妻子看見丈夫這個情況，忽然心生一念，笑著說：「老公，沒關係啦！沒有人受傷就好，想想我們失而復得的一切，生活真的可以快樂一點喔！」

　　丈夫看著妻子，忽然大笑著說：「是啊！快樂一點！」

　　就在這片笑聲中，夫婦倆把破車送進了修車廠。

　　多麼可愛的一對小夫妻，願意相互解開對方的心結，化解不愉快的生活插曲。相信你也跟我一樣，預先看見他們幸福到老的

畫面了吧！

　　生活中什麼狀況都可能發生，我們無法提早預料，也不可能完全預防，但是我們可以預先準備好面對的心態。

　　即使不小心掉進了水溝裡，我們也可以笑著說：「不好意思，今天又忘了把眼睛帶出來！」

　　快樂生活的技巧真的很簡單，只要像這對小夫妻一樣，抱著一點「樂天知命」的生活觀，快樂自然能天天降臨。

真心包容就是最好的互動

我們也可以為自己尋求更多的避風港，只要對人
多付出一些真心。當你能包容別人時，人們自然
也非常願意包容你。

德國詩人作家歌德曾經這麼說：「人生最大的幸福與最豐富
的收穫，乃是心地善良而活得快活。」

生命的運行原理其實很簡單，只我們願意給予，在我們的背
後自然會出現另一個支持的力量。

這是泰迪備受肯定的畢業祝福，老師在卡片上面寫著：「泰
迪非常聰明可愛，將來一定是個很有前途的孩子。」

然而，在此之前，泰迪的生活卻充滿著不愉快。

在他二年級時，媽媽因病去逝，小泰迪突然失去了最愛的母
親，精神變得恍恍惚惚，一顆心彷彿也被帶走了。那一年，老師
在他的成績單上寫著：「學習能力差，反應遲鈍。」

可憐的泰迪全完變了，每天髒兮兮的他，目光中總是散發著
挑釁，也沒有人願意理睬他。

三年級時，他的班上換了一位新老師，史密斯小姐。剛開始
史密斯小姐也沒有特別關注泰迪，但是，她卻不經意地做了一件
小事，這個小動作讓泰迪的人生，從此完全改變。

就在聖誕節的這天，依照慣例，每個孩子都會送史密斯小姐一件小禮物，並開心地圍著老師，一件件地將禮物打開。

就在這堆包裝精美的禮物中，她卻看見一個用舊包裝紙包著的小盒子，這正是泰迪送的禮物。史密斯小姐打開一看，裡面是一只舊的假玉鐲，上面甚至已經出現裂痕，另外還有一瓶快用完的香水。

其他的小朋友看了，都忍不住發出嘲笑的聲音。但是，史密斯小姐卻高興地戴上手鐲，並且把那剩餘的香水朝著空中噴灑。

她笑著說：「哇，多麼美麗啊！你們覺不覺得？」

孩子們看見老師這麼開心，也歡樂地說：「好香啊！」

聚會結束，小朋友們紛紛回家了，最後教室裡只剩下泰迪還站在那裡。

「還有什麼事嗎？」史密斯小姐問。

泰迪眼眶中含著淚，小聲地說：「謝謝您！手鐲是我媽媽用過的，您戴上它非常漂亮！香水也是我媽媽用過的，現在，您聞起來就像媽媽一樣。」

從此，泰迪整個人完全變了。

幾年以後，史密斯小姐收到泰迪寄來的第一封信：「親愛的史密斯小姐，我以第一名的成績畢業了，希望您能參加我的畢業典禮，愛您的泰迪。」

親愛的史密斯小姐沒有令泰迪失望，從此，史密斯小姐每隔幾年就會收到一封信：「親愛的史密斯小姐，我以第二名的成績考取了醫學院，希望您能來參加我的入學典禮，愛您的泰迪。」

「親愛的史密斯小姐，我現在即將成為一名醫師了，如果您能前來參加我的畢業典禮……」

「親愛的史密斯小姐，下周二是我結婚的日子，如您能光臨

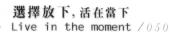
……」

很溫暖的一則小故事,在這個充滿對立與攻訐的環境中,看見這麼一個人生的小插曲,心中更是充滿羨慕與感動。

但是,我們要如何才能與人這樣無私與真心的接受與互動呢?

史密斯老師很清楚地告訴我們:「教育不只是一份工作,因為每一位學生都是我的孩子!」

在面對子女與父母時,每一份付出與接受都是心甘情願的,鮮少有人會摻雜私利的要求,因為,家是我們最好的避風港。

然而,我們也可以為自己尋求更多的避風港,只要對人多付出一些真心。

當你能包容別人時,人們自然也非常願意包容你。

與其煩惱，不如睡個好覺

只有不斷煩惱與擔心的人，每天才會不斷遺漏與
犯錯。如果你不想再過失眠的夜，心情就放輕鬆
一點。

當你偶而陷入消極與無安全感之中時，你是否曾注意到，為
了結束這一個思緒，你會更加全神貫注，沉浸在心煩意亂的種種
細節中，然後你的生活也就跟著變得越來越糟？

不管工作或是生活，每個人都必須面對眼前的問題，也必須
解決問題。

一個人能不能創造出一番成就，關鍵往往在於能否放下心中
那些煩惱憂愁，用輕鬆樂觀的態度迎戰人生。

阿正經常抱怨：「唉，我一天居然要打五十多通的電話，都
快把我煩死了。為什麼我會這麼忙碌呢？有誰像我這樣呢？」

心煩不已的阿正，對著前來拜訪他的友人這麼說。

然而，朋友卻對他說：「嗯，其實你可以不必這麼忙的！」

阿正看著朋友，一副不敢相信的臉，說道：「喂，你應該安
慰我的，為何還要這麼嘲弄我？」

朋友笑著回答說：「我沒有嘲諷你的意思啦！我是認真的，
因為，我又不是第一天認識你。如果我猜得沒錯，你一定又犯了

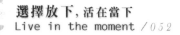

『今日事，明日畢』的毛病了，是吧？」

「我……」

阿正準備辯駁，卻被朋友打斷：「還有，你一定每天都有擔心不完的事，滿惱子的憂慮與不安，心煩氣躁地生活，日子過得很不愉快，是吧？」

阿正滿臉尷尬地說：「其實，我已經盡力了。」

阿正垂著臉，滿臉憂愁地說：「唉，我也不知道為什麼，每天都有好多煩惱的事湧上心頭。半夜裡我會想起早上遺漏的事，然後，為了讓明天不再有任何遺漏，我一夜失眠，仔細思考明天要做的事。然而，到了第二天，我仍然有事情會忘記。」

老朋友聽完阿正的煩惱，安慰他說：「朋友，不要讓你的思緒擾亂了你的正常生活啊！如果你擔心忘記，何不倚賴紙筆呢？每天把第一個要進行的事記下來，即使半夜想起，你也只需寫下來，然後安安穩穩地去睡覺。把明天的事留給明天，你才不會被煩惱佔滿你的生活啊！」

相信大家都有相同的經驗：要打幾個結很容易，然而想解開這些「結」，就比較困難。

特別是經過一段拉扯之後，即便是幾個小糾結，也都要變成幾乎無法解開的死結。

這就像阿正一樣，當一個小煩惱出現，他沒有立即想出解決的方法，反而不斷地給予自己負擔：「怎麼辦，今天忘了撥這通電話了，不知道會怎麼樣？如果我今天記得就好了……」

只有不斷煩惱與擔心的人，每天才會不斷遺漏與犯錯。這樣的人總是舊結還未解開前，又重新給了一個新結來。直到結已經

把原本筆直的一條繩子，弄成了一團糾結之後，想拆開就要費很大一番工夫了。

如果你不想再過失眠的夜，心情就放輕鬆一點。害怕忘記的話，現在就拿起紙筆，記下昨天的遺漏與明天的重點吧！

畢竟，昨天的遺漏都已經成為事實了，再多的懊惱與後悔也無濟於事，現在我們唯一能做的，就是把事情記下來，並好好地睡一覺。

只有適時選擇放下，那樣我們才能帶著飽滿的精神，好好地把握明天的補救機會。

別讓不愉快的記憶成為生活的阻力

當生活中的記憶成為前進的阻礙時，或許你應該
重新審視自己的生活，是否被一些不必要的記憶
干擾而停滯不前。

希望生命能無窮無盡地探索下去，就要學會「遺忘」，我們
不必把遺忘視為令人畏懼的疾病，而要把它視為生活的調節機制，
就像奧戴爾所說的：「記性不好的人，對生活永遠都感到新奇有
趣，而且充滿活力。」

其實，我們的記憶就像靜止的水池一樣，假如你不經常整理
清潔，而讓垃圾或青苔不斷地累積，那麼水池自然要發出惡臭，
孳生惱人的蚊蟲和害人的病菌了。

雅各是個記性很好的人，就算是好幾年前的事，至今他都能
如數家珍。

然而，在他腦海裡的記憶裡，保存的並不是生活的樂趣，而
是每一次傷心或受傷時的恐懼。

今天大家正在商議要到某個沙灘遊玩。話題才剛開始，就已
經有人開始在讚嘆：「好哇，好哇，記得那年我們去時，天空超
藍的！」

「我也記得！」當雅各也發出聲音時，每個人都微笑地看著

他。

　　但是，沒想到雅各接著卻這麼說：「當時，你還差點就淹死了呢！」

　　當雅各的話一說完，每個人的笑容全都收了起來，討論也因為氣氛變得尷尬而草草宣告結束。

　　一位朋友來到雅各的身邊，對他說：「為什麼你就不能記點快樂的事，一定要記住陰暗的一面呢？」

　　在「記住」與「忘記」之間，你喜歡做什麼樣的選擇？

　　每當我們看見有人為了一些不愉快的記憶，而苦悶地過日子時，都會安慰說：「忘了吧！」

　　把什麼事情都往腦袋裡塞的人，生活一定很不快樂。

　　他們一定也會像故事中的雅各一樣，經常在愉悅的氣氛中說出掃興的話。

　　或許，他們會辯解說：「我是為你們好啊！」

　　但是，當小心翼翼地記住這麼多雞毛蒜皮的小事，增加自己的腦力負擔、心理負擔，生活又怎麼快樂得起來呢？

　　沒有「遺忘」一些不必要的事，我們又怎能有空間容納眼前的美麗？

　　我們不必像記憶力超強的人一樣，無時無刻都能引經據典，也不是非得援用過去的事實，來佐證今天的現況。

　　因為，生活不在過去，只在眼前，我們只需要真實的生活感受，自然直率地說出我們的見解，那就已經是最好的生活理念。

　　健忘型人物，之所以讓人喜歡的原因，並不是因為他或她

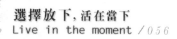

「傻」，而是面對許多小事情，他們總是會哈哈大笑地說：「哇，我又忘了！」

然後，在這一陣陣的笑聲中，他們獲得了諒解，而我們也更加喜歡他們的粗線條和沒有心機。

有位知名的喜劇演員曾經這麼說：「我一直都這麼開心，而且是台上台下都一樣，因為生活沒有必要不開心啊！當然我也會遇到不開心的事，不過下一秒我就忘了。」

當生活中的記憶成為前進的阻礙時，或許你應該重新審視自己的生活，是否被一些不必要的記憶干擾而停滯不前。

有些事不必太過樂觀

> 只要不是過度悲觀，那麼悲觀便會刺激我們的危機意識。不必一味朝著好處張望，就讓悲觀與樂觀同時存在吧！

現代人的通病就是不夠客觀，不是太樂觀，就是太悲觀。

凡事都有兩面，悲觀不見得就是壞事，太樂觀也不一定是好事。只要我們知道在悲觀、樂觀之間如何轉換取捨，偶爾悲觀一點，反而能擁有更多的驚喜。

有一天，小懷特來到公園裡，看見有個人在表演特技。

人們正聚精會神地看著這個人，只見他手腳靈活地將胡桃殼在桌面移動，當動作停止時，他問：「你們猜，哪個空殼裡有一顆豌豆呢？」

懷特看了看，忍不住喊道：「說不定全部沒有！」

表演者聽見小懷特這麼說，認為他故意搗亂，生氣地說：「你這個孩子，長大後一定是個悲觀主義的小鬼！」

被責罵的小懷特，發現大家的目光全聚在自己身上，再也待不下去，只好吐了吐舌，轉身離開。

長大一點後，懷特想起了那個表演者說的「悲觀主義」，於是找來字典查閱，發現上面註解著：「悲觀主義的人，凡事都往

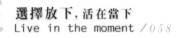
壞處想，並習慣把結局預料成不好的結果。」

懷特點了點頭，說道：「嗯，我是這樣的人，不過這也沒什麼不好。」

朋友不解地問：「怎麼會很好呢？你不覺得那樣很辛苦嗎？」

懷特笑著說：「你從來沒見過我的笑容嗎？」

朋友無語地看著他，懷特繼續解釋：「我倒覺得，我們悲觀主義者的生活，比起那些過度樂觀的人快樂多了。」

朋友懷疑地看著懷特，只見他側著頭問：「你有過失望的經驗嗎？」

朋友點了點頭，懷特抬直了脖子，笑著說：「就是這個問題啊！像我每次搭飛機時，口中總是唸唸有詞，就像即將有場生離死別似的，但是當飛機安全底達目的地時，你一定無法想像那一刻的我，心中有多麼大的激動與感動，每經歷一次，我就更加珍愛自己呢！」

只見朋友的眼神飄開了，覺得這太牽強，根本不能說服人。

「好吧！不知道你記不記得去年的那場火災？」

朋友說：「記得，那有什麼關係？」

「人無遠慮，必有近憂。每當我看見火時，都會忍不住揣想著火災的情況，我常想，失火時我該怎麼辦，是拔腿就跑還是暈倒，或是可以有更好的因應方法？於是，在這些預想的過程中，我想出好多解決方法。去年的那場火災，居然讓這些方法真的派上用場，我不僅救了自己，也救了家裡的每一個人。如果，今天是個樂觀的人，一定這麼想：『這種倒楣事不會發生在我身上的。』然而一旦事情發生了，他們幾乎都手足無措，呆立現場。」

最後，懷特對著聽得出神的朋友說：「或許，這是因爲我擔心樂觀後的失望，所以寧願選擇悲觀後的驚喜！」

就像懷特說的，因為害怕期望過高而失望過重，所以他選擇先悲後樂。

　　或許，有人會大大反對這樣的論點，但是，如果悲觀主義能讓人更懂得知足的話，那悲觀未嘗不是件好事。

　　只要不是過度悲觀，那麼悲觀便會刺激我們的危機意識，提前做好應變措施。不必一味朝著好處張望，就讓悲觀與樂觀同時存在吧！

　　在樂觀前進時，我們可以多點保留，萬一未如預期，我們也才不會重重地跌落，一蹶不起；因為你早有準備，只要未如預期，下一個全新企劃就可以立即接應、展開。

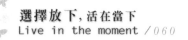
不要成為追逐流行的複製人

我們不需要老是「向別人看齊」，更不要受制於
流行的迷惑，成了一個個複製沒有自我的人。

　　俄國文豪高爾基在《我的大學》一書中寫過一段警句，提醒
我們不要盲目地追逐世俗的流行與外在的虛榮。

　　他說：「我們的生活和福音書已經相差太遠了，生活正走在
自己的道路上。」

　　生活應該是自己內心活動的真實投射，無法靠外在的附加品
來提昇內在的價值，可是許多人卻忘了這個簡單的道理，不曉得
減輕沒有必要的負擔，反而讓自己活得既虛幻，又充滿沉重壓力。

　　在商業掛帥的今日，透過流行的推波助瀾，越來越多人就像
複製羊一樣，只想從一模一樣的動作裡，塑造出另一個一模一樣
的生命體。

　　千萬不要讓生命只剩下一只空殼，即使是買一部新車，你需
要的只是一個方便代步的目的，而不應該是為了與人比較身份地
位的替代品。

　　因為，不管用多少物品來附加你我的價值，生活都不會因此
而變得更好，甚至反而會成為生活的沉重負擔。

作家范西‧培卡德在《爭名奪利》一書中描述過一段自己的經驗。

一九五八年，培卡德參加芝加哥舉辦的建築商大會，在會中，聽見一位從事房地產買賣的朋友說，他與助理們曾在八個城市裡，進行過四百二十一次的深度訪問。

這項調查的目的，是希望了解人們在購買房屋時，會以什麼作為考量。

培卡德問他：「結果如何？」

朋友說：「我發現，許多中年人在買房子時，都希望為自己買一棟，具有『成功』象徵的屋子。」

培卡德好奇地問：「具有成功象徵的房子？那麼你要如何推銷『成功象徵的房子』？」

朋友笑著說：「我會在出售房子時，增加一點『派頭』，來吸引這些希望獲得尊重的人。」

他繼續解說：「關於這一點，許多房地產專家近年來也都提出過意見，他們主張，用一點身份地位的象徵，來吸引購屋者的認同。他們還提出過實際方法，例如，利用法文，來增加類似歐洲貴族的尊榮。不久之後，房地產業者果然在廣告中，開始使用法文。」

現代人所追求的成功，已經不再是日積月累的尊榮，而是華而不實的虛榮，許多人注目的也不再是企業家白手起家或努力經營的過程，而是光看一個人的財富與名氣。

把虛榮當作尊榮，連尋找生活的價值也充滿著「跟風」的情況時，人們就會像故事裡的隱喻：「不要以為你真的成功了，你

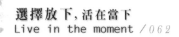
只是被廣告商所誘騙。如果你對自己的人生價值,只懂得從這些『派頭』上來獲得,那麼,成功的人永遠都不會是你!」

我們不需要老是「向別人看齊」,更不要受制於流行的迷惑,成了一個個複製沒有自我的人。每個人都應該有自己認定的價值方向,你可以過自己的生活,更可以選擇自己的生活方式,只要你願意。

超越不了別人，也不必否定自己

為了比別人更加突出，我們經常失去自己的方向，也失去自己的主控權，甚至因為超越不了別人，而否定自己。

不要因為不如別人而否定自己！現實生活中，不可能人人都是董事長或總經理，公司裡還是需要很多中階或基層人員。

人生最重要的課題，不在於我們處於什麼地位，完成了些什麼，而是我們是否認真扮演好自己的角色！

英國有這麼一個寓言故事，值得我們玩味。

有一天，國王獨自到花園裡散步，就在他走進花園時，眼前的景緻卻令他大吃一驚。因為，花園裡所有的花草樹木全都枯萎了。於是，國王失望地走在花園裡，一一探視每一株花草樹木。

忽然，他聽見橡樹嘆息著說：「我長得不如松樹，還是走了算了！」然而，松樹聽了卻也自怨地說：「唉！我又不能像葡萄那樣結實累累，不如走了算了！」

但是，葡萄這時卻說：「唉，我又不能直立起來，只能垂在木架上，也不能像桃花樹那樣，開出美麗可愛的花朵，不如走了算了！」

只見牽牛花也垂頭喪氣地說：「唉，為什麼我不能像紫丁香

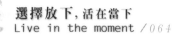

一樣，散發芬芳的香味？」

國王仔細聆聽園裡的花草自語，也看見許多花草樹木，全都垂頭喪氣的模樣。然而，就在這個時候，他卻看見一株小草，直挺挺地站在角落裡，精神抖擻地生長著，國王好奇地問：「小草啊，為什麼其他植物全都枯萎了，唯獨你這麼樂觀呢？」

只見小草驕傲地回答說：「是啊！因為我一點也不灰心失望啊！我知道，我不必當橡樹，也不必像葡萄一樣，更不必成為紫丁香，只要我認真地做好自己就足夠了。」

老是垂頭喪氣的你看見在天空盡情飛翔的鳥兒嗎？還有，你看見正在草地上快樂奔馳的羚羊嗎？

從動物的身上，我們能清楚感受到牠們的快樂與自在，沒有一匹馬兒會因為每天都得吃同樣的草而感到厭煩，或停止進食；也沒有一隻鳥兒會因為每天飛翔，而累得不再高歌。

那是因為動物們很盡本分，牠們知道，只要能盡情發揮自己，牠們存在的目的便已經達成了。

然而，一樣是動物成員的人類，卻總是忽略了這一點。為了比別人更加突出，我們經常失去自己的方向，也失去自己的主控權，甚至因為超越不了別人，進而否定自己。

如果人們聽得懂動物的話，也許我們將會聽見：「真搞不懂人類，他們明明是獨一無二的，為什麼老是要模仿別人，卻不要肯做自己？」

人生不是非得名揚四海才能肯定自己的價值，更不是非得家財萬貫才算成功，只要我們能接受自己，並努力扮演好自己的角色，即使只是一株不起眼的小草，我們的存在都必定是無價的。

PART 3

不要壓抑，
做真實的自己

不必刻意壓抑自己，更不必戴上面具，

只要我們能表現出最真實的自己，

人們一定會給我們最真切的擁抱與支持。

生活的權杖就在你手中

> 每個人都有自己的夢想花園，只要你看得見心中
> 的花田，尊重並珍愛你的]人生，我們都能建造出
> 自己的快樂生活。

什麼才是最好的生活，什麼才是人們應該有的生活模式？

作家哈里斯告訴我們：「一切取決於我們自己！」

確實如此，我們不必模仿他人，也不必羨慕別人，因為每個人都會有自己認為最正確、最愉快的生活模式。

只要我們能緊捉住生活的主控權，讓生活的每一天都充滿自在與愉快，那便是你我最好的生活方式與人生。

不論外在環境多麼糟糕，日子還是得過下去，不是嗎？唉聲歎氣解決不了問題，逃避現實也不是明智之舉，你只能選擇放下心中的愁苦，更樂觀、更積極地把生活的權杖掌握在自己手中。

哈里斯的一個朋友每天都會到報攤買東西，然而，每當他向報販說「謝謝」後，報販的臉總是冷冷地不發一語。

感覺自討沒趣的友人這天忍不住向哈里斯抱怨：「你有沒有發現，這傢伙的態度真差！」

友人又繼續說：「你知道嗎？他每天都是這個臉色耶！」

哈里斯問他：「那你為什麼對他還是那麼客氣？」

友人看著哈里斯，臉上忽然換一個不以為意的神情，接著微笑說：「我不想讓他決定我的心情啊！」

哈里斯在一場演說中談及友人的這件事，並引述莎士比亞的話作為結語：「我們的身體就像一座花園，而我們的意志正是花園裡的園丁。不論我們種植萬苣、除去小草，還是摘取百里香，甚至只培植一種花草樹木在裡面，全都取決於我們的意志。我們可以讓花園百花齊放，也可以讓它荒蕪空白，總之，一切皆取決於我們的意志！」

生活的權杖就在我們手中，懂得生活的人會說：「只要你能安於自己目前的生活，不妨就繼續下去；如果對於現在的生活，充滿了矛盾或不悅，那就不妨重新尋找生活出路。」

其實，沒有人知道真正的成功時機，也無法確知當達到我們的預定目標時，所擁有的一切是否真的能與心相契，但是，只要路是我們自己選擇的，至少在抵達終點時，我們要明白：「既然路是自己選擇的，絕對不要讓自己有後悔的機會。」

生活開心還是悲苦，從來都由自己決定，這些和客觀環境並無直接的關係，因為，客觀環境全賴生活在其中的每個人來造就。

人在徬徨迷惑的境遇中，最容易懷疑自己存在的價值，最容易用負面情緒折磨自己和別人。正因為胸臆中充滿懷疑與憂慮，人總是用消極負面的角度看世事萬物，唯有盡快放下那些負面的想法，人才能踏實地走出自己的道路。

每個人都有自己的夢想花園，只要你看得見心中的花田，找出生活的方向，尊重並珍愛你的人生，就能建造出自己的快樂生活。即使天氣酷熱得汗流浹背，也都會是最暢快的生活享受。

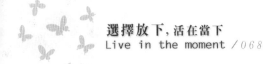
脫下面具，自在地表現自己

自在地表現自己吧！那麼你的自信與快樂，才會
真真切切地在身上散發，你也才能真正地過著你
想過的生活。

為了生存，我們往往都會掩飾自己的真實感覺，例如面對討
厭的主管，你必須壓抑心中的不滿，畢竟你很需要這份工作來養
家活口。

有些掩飾是無可厚非的，但是，除此之外，許多人卻總是在
不必要時也戴上面具，虛偽地表現自己，有時候還因為過度抑制
自我，而讓自己陷入矛盾與困惑之中。

其實，幾乎每個人一過了兒童期，為了與同儕競爭，甚至為
了生存，都慢慢學會偽裝，也懂得戴上不同的面具，用以面對不
同的人。

然而，就在我們學會隱藏自己的同時，我們也開始失去自己。

丹尼斯有個朋友經常對人說：「丹尼斯臉上永遠帶著微笑，
而且非常熱於助人，我認識他已經十多年了，從來沒看見他發過
一次脾氣，或是出現煩躁不安的狀況。」

不過，有人聽了，頗不以為然地說：「聽起來好像是個聖人！
只是，像這樣永遠帶著微笑，從不發脾氣的人，真的是一位理想

的朋友嗎？」

這個人接著又說：「既然是好朋友的話，我反而期望，他能把自己真切的情感表現出來，即使是憤怒的臉色也無妨。因為，我不喜歡只會一味掩飾自己情緒的朋友！」

丹尼斯的友人聽了，忍不住低下頭沉思。

「其實，就像小朋友一樣，一個三歲的小男孩如果跌倒了，還擦傷了膝蓋，他一定會痛得哇哇大哭；又像一個五歲小女孩，如果獲得一件漂亮的生日禮物，她一定會發出開心得大叫，甚至是高興地拍手歡呼，這些都是最真切的情感，也是最誠懇的情緒表現。」

這個人看見他似乎還不了解，於是又繼續說了上面這段話。

看完這些對話，一定有人會用力點頭，大表贊同。

也許，你想辯駁，認為這一切隱藏與偽裝，只是為了控制自己的情緒與衝動，不僅可以維護自己的利益，也可以保護別人的尊嚴。

一切如果真的這麼簡單，我們大可不必多加探討。但是在此之前，請先問問自己：「『控制』了這麼多的情緒，我快樂嗎？」

在某些情況下，我們要懂得掩飾自己的情緒，但是更多時候，我們也要懂得表達自己的情感。因為，歷經各種磨練與教育之後，我們交給自己的面具，多數都是超過所需的。

就像許多害怕被傷害的美麗女孩，強迫自己戴上冷漠的面具，用以掩飾她渴望被寵愛的需求；又像許多失敗的男人，喜歡戴上自負自誇的面具，並不厭其煩地大談成功的過往。

這兩種是我們最常見的「面具」，或許它們能保護我們，還

可以減少人們的責難，但是，它們確實讓這些人失去誠實的心，也加大人與人之間的距離。

其實，做真正的自己不是比較好嗎？

如果你渴望結婚，就大方地四處聯誼或相親吧！一點也不必偽裝地說：「我壓根都沒想過結婚這檔事！」

畢竟，要偽裝自己，又要防止被發現，日子很難過得快樂的。

自在地表現自己吧！想哭時就痛快地哭，生氣時就好好地罵一罵，自制很重要，但不要過度壓抑情緒。

那麼，任何焦慮或不悅，就不會時時出現在你的心上，那麼你的自信與快樂，才會真真切切地在身上散發，你也才能真正地過著你想過的生活。

不要壓抑，做真實的自己

不必刻意壓抑自己，更不必戴上面具，只要我們
能表現出最真實的自己，人們一定會給我們最真
切的擁抱與支持。

內心充滿自卑感的人，總是顧慮著別人對自己所抱持的觀感，為了維持某種外在形象而壓抑著真實的自己。

這種患得患失的行為，無疑是在自己的心靈套上枷鎖，久而久之變成沉重的心理負擔，只會使自己越來越不快樂，越來越厭惡自己。

也許，面對不同的人，我們已經很習慣戴上不同的面具出現。

但是，當你看見別人，特別是為了迎合討厭的人而強顏歡笑時，你是否也會氣惱地對自己說：「既然那麼討厭他，為什麼不表現出來？」

前一陣子，有位在小學任職的教師來到一間整型醫院，請求醫師給她一個滿意的面容。

醫生問她：「哪些地方妳最不滿意呢？」

「鼻子，我覺得我的鼻太長了，另外下巴太寬，還有，這對耳朵……」

老師抱怨了一長串，然而醫生仔細地看了看，卻說：「我認

為，妳的五官很不錯啊！是妳對自己要求太高了。」

然而，不管醫師如何稱讚，她都堅持要「變臉」，醫生只得尊重顧客的要求，幫她動了一些小手術。

手術完後，她看了看鏡子裡的自己，卻相當不滿意，微慍地對醫生說：「根本沒有什麼改變嘛！」

醫生點了點頭，說：「是的，我必須堅持專業與良心，妳真的只需要做這些小改變就好，因為妳的面孔一點問題也沒有……」

醫生停頓了一會兒，接著說：「妳的問題是出在使用方法，我認為，妳把自己的面孔當作一只面具，只是用來遮掩妳的感覺罷了。」

當老師聽了醫生的話，低下了頭，聲音帶著悲傷：「我已經盡力了！」

醫生安慰她：「我知道妳已經盡力了，我可不可以問妳一個問題，妳是否因為教師的身份，而過分壓抑自己的情緒呢？」

老師把頭壓得更低了，在這個小空間裡，他們靜默了幾分鐘，最後，她終於主動地說出心中的話。

原來，她一點也不喜歡當老師。

為了成為學生們最好的榜樣，她經常告訴自己：「我一定要力求完美，才有辦法成為學生的榜樣。」

於是，每天一踏進校門時，她就會把情緒收藏起來，只留下她認為「正確的」表現，而她已經努力隱藏了三年。然而，這麼壓抑的生活，憋得她幾乎快透不過氣，當她就快要支持不下去時，腦海卻閃過了一個想法：「或許是我的臉不夠完美。」

話剛說完，她突然放聲大哭，並難過地說：「孩子們都在嘲笑我。」

說完這句話時，她又警覺到，自己似乎洩漏了重大的秘密，

連忙停止哭泣。醫生看著她，微笑地說：「現在有沒有感覺好多了呢？哭泣，其實證明妳還是個有感情的人。」

聽見醫生這麼說，她忽然感到一陣輕鬆，忍不住對著醫生回應一個微笑。醫生說：「孩子們的嘲笑，其實是因為他們早就看穿妳的偽裝。也許身為老師的妳，必須懂得控制自己，但是，偶爾出個小狀況，反而更能捉住孩子們的心啊！那樣他們就會更親近妳，而這一點也無損於妳的尊嚴啊！只要妳拿掉面具，妳不僅會更喜愛自己，也會更喜愛這份工作，明白嗎？」

她微微地點了點頭，說道：「我知道了，從今天開始，我會試著做回自己，並成為一位散播快樂的老師。」

如果，你習慣以刻意強加的方式，為自己戴上面具，那只會讓面具成為一種刑罰，就像古代被迫戴上鐵面具的犯人一樣，變成另一種形式的桎梏。

假如你像故事裡的老師，為了受到人們的尊重肯定，而刻意壓抑自己的情感，一旦面具下的情緒累積久了，終究會崩潰的，因為，沒有人能把自己「變成另一個人」。

其實，沒有人會不接受真性情的人，也沒有人會否定表露真情的人。我們不必刻意壓抑自己，更不必戴上面具，試圖把自己變成另外一個人。

因為，不管在任何時候，只要我們能表現出最真實的自己，人們一定會給我們最真切的擁抱與支持。

適時休息，更能提高效率

每天撥出一個時間讓自己好好休息一下。不必擔心尚未完成的工作，因為在休息之後，你的展翅將會揮得更高更遠。

有人說，人生就是工作與休息不斷循環的歷程，只有合理地分配工作與休息時間，才能從迷惑中找到全新出路。

如果你在事業、工作或生活上遇到瓶頸，被迎面而來的壓力壓得喘不過氣，那麼你更必須冷靜地檢視自己的過去，想想到底哪裡出了問題。

在現代生活中，你可以將私領域與公領域的界線再分清楚一點，例如休息時就別再想著工作，下班之後就不要把公事帶回家。

只要我們下班之後休息夠了，那麼在工作時，我們自然能專注於工作，不再想著「好想休息」！

有個事業相當成功的企業家，抵達事業巔峰時，突然感到人生無趣，心煩不已的他，最後不得不尋找神父告解，請求解答。

神父聽完企業家的話，便對他說：「人就像魚兒一樣，小魚無法在陸地生存，而人則無法在束縛中生活，所以，魚兒必須回到大海才能繼續生活，而你則必須回到平靜的生活中，才能獲得充實感。」

　　企業家不解地問：「你的意思是要我放棄一切，回歸田園生活嗎？」

　　神父笑著說：「那倒不必，只是你在發展事業的同時，應該隨時讓生活與心情休息一下。」

　　企業家認真記住神父的話，但是，他卻一直無法找到方法。

　　有一天，他的合作伙伴聽見他的困擾，便對他說：「幾年前，我也像你一樣，天天都相當忙碌，每天都是開不完的會，與推辭不完的宴會應酬。即使偶爾空閒下來，在我的腦子裡也是充滿著工作，總之，每天都有擔心不完的事，生活也是一片混亂。」

　　企業家看著友人，好奇地問：「那你怎麼解決的呢？」

　　友人微笑地說道：「後來，我告訴自己：該休息時就好好休息吧！」

　　大多數人勤奮工作，無非是想從工作中印證自己的價值，讓家人活得幸福滿足，可是久而久之，生活的重心卻變成工作，和家人相處的時間越來越短，自己的價值也越來越模糊。

　　為什麼會這樣呢？這就是我們要的生活嗎？

　　事實上，我們的人生軌跡並非得這樣發展下去，只要靜下心來好好想想自己的初衷到底是什麼，你一定可以改變目前的生活狀態。

　　在喧鬧的人群中，我們經常聽不見自己的腳步聲，唯有遠離人群，我們才能重新找回自己。

　　因此，一個完全屬於自己的休息片刻，對懂得生活的人來說是件相當重要的事。

　　就像這個故事所要表達的：該休息時請好好地休息。

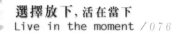

　　生活有太多事要做,每天我們也都會有做不完的事。當沉重的壓力開始累積在你肩上時,別再硬撐了,找個推拿師傅幫你鬆一鬆吧!唯有完全的紓解,你才能再次舉起堅強的臂膀,繼續你的生活。

　　何不從今天開始,每天撥出一個時間讓自己好好休息一下?

　　不必擔心尚未完成的工作,因為在休息之後,你的展翅將會揮得更高更遠。

追求完美，只是自以為是的偏執

完美通常都只是自以為是的主觀意識，沒有人能
真正做到十全十美，每個人一定都會有缺點，也
都是從錯誤中學會成長。

　　要求完美原本是件好事，然而過度的要求，往往容易變得吹
毛求疵，甚至不近人情，容易與人產生距離與摩擦。

　　因為，追求完美的人很多時候並不是為了自己或他人，而是
為了一個「贏」字；他們的重點不是自我的發揮，而是為了贏過
別人。

　　艾琳是個完美主義者，自詡凡事力求精確的她，對於身邊的
每件事都有非常高的要求。

　　因此，每一件事她都要親力親為，即使工作量已經超出負荷，
她仍然要自己完成，不會向其他人求助。

　　即使是個小報告，她都會費盡心力準備，甚至只是一份一個
小時的演講稿，她會弄得精疲力盡。

　　如此要求完美的性格，讓她很討厭不速之客，因為即使是個
小餐點，她也要做到最好，不容許有任何差錯。而不速之客的出
現，不僅無法有充分的時間準備，還讓她會有出錯的機會。

　　這麼一個追求完美的女人，凡事都井井有條，也似乎完美無

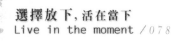
缺,然而這種機械式的完美主義者,個性卻欠缺誠摯的情感,更別提人性的溫暖。因此,即使如此講究完美,她卻是許多人厭煩的對象。

　　有人說:「過度地要求自己保持完美,其實是一種很殘忍的折磨。」

　　為了追求完美,小小的失敗或錯誤,對所謂的完美主義者來說都會是天大的事。於是,對自己和對別人要求完美變成了一種酷刑,當目標未能達到他們的期望,他們便會責怪自己,討厭自己,甚至遷怒別人。

　　其實,完美通常都只是自以為是的主觀意識,沒有人能真正做到十全十美,因為每個人一定都會有缺點,畢竟我們也都是從錯誤中學會成長。

　　我們可以用輕鬆的態度獲得更傲人的成績,更可以大方地表現我們的缺點,並將之轉化為生活助力。

　　我們不需要以偏執的方式的去要求完美,凡事只要盡力就好。

做不到的事不要勉強

別再強迫自己做一些不想做的事，更不要為了迎
合別人而委屈自己，一旦受制於特定原因，生活
就一定會被設限、束縛。

生活中我們有許多事情要做，面對緊張或不愉快的生活節奏，我們也可以有所選擇和調整，因為，生活的決定權，就在你我的手中。

其實，改變並不是一件很困難的事，也無須因此而擔憂。不管你必須擔負多麼重要的責任，當事情未如你的預期，或是你已經無法勝任時，不妨適時放下重擔，並找出更適合接手的人選，那麼事情不僅會有更完美的結果，還能讓你輕鬆愉快地生活。

很久以前，有個朋友曾經對激勵作家馬爾登說：「你知道嗎？我很討厭開車，每當我在高速公路急馳，朝著公司方向飛奔而去時，整個人會感到不適，而這些感覺必須好幾個小時後才能慢慢紓緩。然而，為了我的家人，也為了我的工作，我不得不開車。」

馬爾登對他說：「但你可以搭乘其他交通工具，不必自己開車上班啊！如此一來，也許就能減輕這些壓力感，而且對你也比較安全，不是嗎？」

友人想了想，最後接受馬爾登的建議，改變了生活方式。

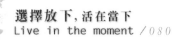
　　如今，他的生活過得比以前更加輕鬆、愉快。

　　馬爾登看見朋友比以前更愉快地生活著，不禁笑著對其他的朋友說：「其實，這個道理很簡單，當某件事會讓我們感到緊張或不悅時，不妨改變一下方式，並找出讓生活更加輕鬆自在的方法。因為，做勉強自己的事，不僅無助於生活的提升，而且容易事半功倍！」

　　或許你也像馬爾登的朋友一樣，因為習慣的養成，而不願意改變已經不適用的生活方式，然而每天強迫自己做這些事時，你不會覺得很累嗎？

　　在戀愛學裡有一句話：「勉強是沒有幸福的！」

　　這句話其實也相當適用於其他地方，像是運用於日常生活和工作之中。因此，就從現在起，我們就別再強迫自己，做一些自己一點也不想做的事；更不要為了迎合別人而委屈自己，因為一旦受制於特定原因，我們的生活就一定會被設限、束縛。

　　該放下的時候就放下，不要給自己那麼多的生活壓力，凡事只要量力而為，我們就能輕鬆自在地發揮自己的能力。

帶著微笑過想要的生活

> 無論臨時有何狀況，臉上也別擺著撲克牌的面
> 孔，好好地放鬆心情，用不同於日常生活的角
> 度，來欣賞休息的片刻吧！

面對生活，你當然可以採用自己的方式，不過，當你準備以嚴肅的面孔去過日子時，請先看一看身邊的人，一張喜歡微笑的臉與一張板起的面容，哪一個才能讓你感到舒服、活力呢？

樂觀的人因為心境時時處於愉快狀態，所以生活處處都有著歡樂，相反的，悲觀的人因為容易陷入憂鬱狀態，所以時時為了小事苦惱。

其實，不管外在環境如何變化，只要你放下焦躁易怒的情緒，保持內心的愉悅，生活就可以過得快樂。

每逢週五的晚上，有四位女士會輪流在自己家中，舉辦一個小型的聚會，名為「女士之夜」。

在這個聚會中，她們有一些規定，包括不抽煙、不喝酒，也不可以說八卦，更不能談論子女、丈夫，或是政治、世界新聞。因為這是一個女士之夜，更是一個完全屬於她們自己的私人時間。

雖然什麼都不能談論，但是每到週五，她們仍然持續著這項聚會，而且風雨無阻地出現。

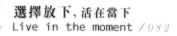

　　每當有人經過她們的窗口,看見她們一個個都聚精會神地圍坐在一起,忍不住都好奇地問:「什麼都不能談,她們還能做什麼呢?」

　　只是,不管人們怎麼猜,從來都沒有人猜中。

　　到底是什麼事把她們凝聚在一起呢?

　　其實,她們只是玩撲克牌而已。

　　更令人驚奇的是,她們玩了這麼多年,居然沒有人因為輸贏而翻臉,或是在聚會後,帶著鐵青的臉走出來。

　　多年來,她們已經熟悉彼此的手法,甚至只要誰的手上拿到王牌,她們也知道對方會出現什麼表情。

　　知道這個情況的人,都說:「那多無趣啊!」

　　然而,這四位女士卻一點也不在乎,每個星期五晚上進行著撲克牌遊戲,年復一年,「女士之夜」一直持續著。

　　今晚,大家聚集在其中一位女士的家裡,雖然身為主人的她患了關節炎,但是她仍然堅持要坐在特製的椅子上,與大家開心地玩樂著,因為,那是她享受生活的重要時刻。

　　現在,她們因年紀衰老而全駝著背,但都非常開心地笑著,因為今晚的這一局,她們第一次打成了平手。

　　相信你一定有過這樣的經驗:快快樂樂地規劃好出遊的計劃,卻因為早上有人晚了一秒起床,讓你火冒三丈,或是有人情緒不佳,為了小事大發雷霆,然後一整天的行程,就在冷戰的氣氛中苦悶地進行。

　　不妨仔細想一下,這樣的旅遊過程,帶回來的是舒緩的身心,還是更沉重的心情與煩悶呢?

　　既然都準備要出門玩樂了，何必為了一些不值得生氣的細節影響大家的情緒？無論臨時有何狀況，臉上也別擺著撲克牌的面孔，好好地放鬆心情，並用不同於日常生活的角度，來欣賞休息的片刻吧！

　　就像故事中的四位女士，在這個完全屬於她們的夜晚裡，只有一個完全舒放的自己。每一個人在出門或迎接同伴前，便已經準備好最愉悅與自在的心情，要來享受她們的「女士之夜」。

　　如果今天有人又晚了一秒鐘起床，何不這麼想：「也好，如此一來，我們就可以有藉口，享受難得的慵懶。」

做自己，過自信的人生

不要再回首那些滿是苦惱和自卑的過去，只要從
這一刻開始，輕鬆地做自己，我們自然而然就能
過自信的人生。

俄國知名諷刺作家契訶夫曾在短篇小說《游獵慘劇》裡提醒我們：「人難以長久演戲，要嘛把自己的角色給忘了，要嘛演得厭煩極了。」

許多人總是為了迎合別人，而強顏歡笑去演自己不喜歡的角色。你的愉快生活，如果全掌握在他人的手裡，相信你現在的笑容不僅是一個假象，日子也不會感到幸福。

人生最重要的課題，就是認識自己！

只有徹底認識自己，才不會對生活感到徬徨迷惑，才能克服心中的自卑情緒，充滿信心地活出自己。

伊絲從小就特別敏感，而且個性靦腆，再加上她天生就屬易胖體質，不管怎麼厲行減重計劃，總是很快破功，因而有著濃厚的自卑感。

然而，伊絲的媽媽面對有點自卑的女兒，居然沒有加以鼓勵和支持，還老是對女兒說：「妳這麼胖就別再穿窄衣服了，不然我一天到晚都得修補妳的衣服，真是麻煩！」

　　所以，伊絲的媽媽總是製作又大又寬鬆的衣服，並要求女兒只能穿這類型的衣服。這讓個性害羞的伊絲非常自卑，因為她的穿著總是一成不變，而且像個老太婆一樣。

　　直到成年，甚至結婚生子之後，伊絲的個性一直沒有改變。

　　其實，丈夫家的每一個成員都非常疼愛伊絲，為了建立她的信心，家人凡事都順著伊絲，並小心地不觸碰到她不喜歡的事。然而，他們卻沒想到，這些體貼與刻意的遷就，反而讓伊絲感到更加困擾，讓她更加退縮。

　　伊絲看見家人如此體貼，生活反而更為緊張，深怕自己一個不小心，做了讓他們失望的事。於是，每當與家人一起出現在公共場合，她會假裝很開心，結果她老是做得太過頭而出糗。這讓容易胡思亂想的伊絲，老是為了一件小事而心情煩悶好久。

　　日積月累，伊絲越來越不知道要如何表現自己，更不知道要如何生活下去，最後居然萌生自殺的念頭。直到有一天，婆婆對她說：「其實，教育孩子很簡單，不管他們想怎麼發展，我只要求他們：認真做自己，並保有自己的特色！」

　　「做自己」，當伊絲聽見婆婆說出這句話時，心中頓時豁然開朗。就在這一刻，伊絲看見自己錯誤的生活態度，更看見她長期以來的苦惱，原來都是自己所造成的。

　　這天，伊絲這樣告訴自己：「無論如何，我一定要找回自己！」也是從這天開始，伊絲積極尋找自己的優點，並試著放開胸懷，努力找出最適合自己的生活。

　　慢慢的，她走出了生活的囚籠，例如主動地結交朋友、參與社團活動，雖然步伐沒有跨得很大，但是每天的一小步，卻讓掛在伊絲臉上的笑容越來越多，也越來越自然。

　　有一天，她開心地對著孩子們說：「今天我好快樂喔！這是

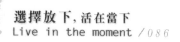

我從來沒有過的感覺，孩子，媽媽今天只想告訴你們，你們只要簡單地做自己，努力生活，媽咪會給你們最大的支持力量！」

　　你是否經常對自己說：「為什麼我要在意別人的感覺？」

　　即使我們都有著這樣的反省，現實生活中，我們仍然習慣依循著別人的目光行事。直到有一天，有人像伊絲一樣承受不了這些煩惱，在人生的十字路口徘徊時，才徬徨失落地發現，長久以來沒有一天是為自己而活。

　　那麼在這樣的路口，要用什麼樣的角度，來回顧與展望我們的生活呢？

　　其實，方法很簡單，不要再回首那些滿是苦惱和自卑的過去，只要從這一刻開始，輕鬆地做自己，我們自然而然就能過自信的人生。

　　日本知名的排球教練大松博文經常勉勵選手：「作為一個人，只有發揮自己的個性，才能明確自己存在的理由，才會感到生活的意義。」

　　經營之神松下幸之助也一再向員工們強調：「我們不必羨慕他人的才能，也不必悲嘆自己的平庸，每個人都有獨自的個性魅力，最重要的是認識自己的個性，然後加以發展。」

　　如果你的生活充滿自卑，那麼就積極展現自己的個性，為自己編織幾個樂觀的夢想；如果你的生活滿是煩惱，那就設法找出自己的特色，為自己設定一些積極的目標。

看淡得失就能心滿意足

純粹的快樂並不易獲得，除非我們能看淡得失，
能夠不再在意人們的目光，能夠懂得「心滿意
足」的真正意義。

你不快樂嗎？又為了什麼事而不開心呢？

是因為沒有達到人們的要求而垂頭喪氣，還是覺得自己的事
業成就和物質享受不如別人而沮喪呢？

其實，只要我們願意反身自求，不再馬不停蹄地尋找外在的
快樂，你就可以看見快樂。因為，在每個人的身上早已蘊含著豐
富的快樂資源。

據說，上帝在創造人類之後，準備再賦予他們快樂元素時，
與天使們開了好久的會，一直無法決定要把快樂放在什麼地方。
因為，他們提出的享受快樂的條件如下：「我們要把它放在人們
可以很輕易發現，卻又不是那麼容易獲得的地方。」

有個天使說：「不想讓他們太容易獲得的話，不如放在高山
上吧！這樣他們可以很輕易地知道，快樂在什麼地方，卻又不是
那麼容易得到它。」

但是，上帝卻搖了搖頭。

另一位天使提出另一個建議：「不如把它放在海洋的深處吧！

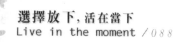

如此一來，人們想獲得它，恐怕得費盡心力了。」

上帝聽了之後，還是搖了搖頭。

這時，有個小天使從雲朵裡探出了頭，開朗地說道：「放在人類的心中吧！因為，人們習慣往外尋找自己的幸福快樂，很少有人會從自己的身上，挖掘出快樂的秘密。」

上帝轉身看了看這個可愛的小天使，笑著說道：「就是這樣了！」

從此，幸福快樂的秘密便藏在每一個人的心中。

就像小天使所說的，許多人習慣往外尋找快樂，以為可以用狂歡或購物來滿足自己。

但是，當狂歡結束，金卡也刷爆了，看著滿屋子的彩帶與精品，不妨問一問自己：「我的心滿足了沒？」

法國思想家蒙田有一句話正好說明了這一切：「純粹、沒有任何摻雜的快樂，高於一切用各種方式獲得的快樂。」

這份純粹的快樂並不易獲得，除非我們能看淡得失，能夠不再在意人們的目光，能夠懂得「心滿意足」的真正意義。唯有如此，我們生命中的每一天，才可以像小畫眉鳥一樣快樂高歌，而且只為自己歌唱。

PART 4

穩定情緒才能解決難題

失控的情緒很難想出解決方法。

與其慌張失措地陷在困擾中，

何不先穩定情緒，慢慢地找出辦法呢？

走出牢籠，才能享受生活

> 當你汲汲營營地追逐名利時，自然會給自己諸多
> 規範與侷限，為了攀上成功的最高峰，慢慢失去
> 人生的真正目的與趣味。

　　法國文豪羅曼‧羅蘭曾說：「當幸福成為一種習慣，甚至是一種心靈負擔的時候，就不再叫做幸福。」

　　其實，幸福的秘訣是隨遇而安，減輕生活的期待和負擔，因為，你的期待越大，心裡的負擔也就越大，如此一來，想要讓自己「一定要幸福」的目標，相對的也就越難到達。

　　生活沒有任何固定的規範或放諸皆準的模式，唯一要注意的是，要活得自由自在，不要陷入自己設定的囚牢裡。

　　第歐根尼這會兒正半裸著身體，躺在大街上，而這也常是每天早起晨跑的人們，迎面而來的第一幕街景。

　　當第一道曙光出現，第歐根尼的一天也開始了。他揉了揉雙眼，伸一伸懶腰，然後走到公共噴泉邊，掬起一把甘甜的泉水，醒一醒臉，接著大口咬著乞討來的麵包。

　　第歐根尼沒有居住的地方，也沒有工作。在這個城市中，幾乎沒有人不認識第歐根尼，也幾乎所有認識他的人，對他都感到厭惡。

人們會責問他，為什麼不找個地方居住。

第歐根尼反駁：「你們費盡苦心找一個囚籠，把自己關起來，根本不能像我一樣，自由自在、快樂逍遙地生活。我不需把自己困在房子裡，也不需要隱匿我的生活。還有，誰說睡覺一定要睡在床上，誰說我一定要坐在椅子上？你們看，睡在地上的動物們，還不是過得健康又快樂！」

崇尚自然的第歐根尼，即使天寒也不肯穿上人們贈送的衣服，他說：「我不需要多餘的禦寒衣物，只要這張毯子就夠了。」

於是，人們每天看見他，早上時「披著」這件毯子，晚上也「蓋著」這件唯一的毯子。

有人說：「他真是個瘋子！」

事實上，他確實是個瘋子，而且是個博學多聞的瘋子。

第歐根尼是位著名的哲學家，喜歡透過戲劇、詩歌與散文的創作來表現獨特的思想。而且，博學多聞的第歐根尼，也有一群忠貞不二的門徒，不管他流浪到什麼地方，這些崇拜者都會緊跟不捨。

這天，第歐根尼又有新的想法：「我們應該拋開那些虛偽造作的習俗，自然而然地生活；我們要擺脫那些繁文縟節，舒適自在地生活；我們要唾棄奢侈享受，簡單自然地生活。唯有如此，我們才能過著自由的生活。」

第歐根尼看著專心聆聽的人們，繼續大聲說：「富有的人啊！你以為你擁有寬敞的房子、華麗的衣服，還有馬匹、僕人與財富嗎？錯！其實你一無所有，因為你必須把一生所有的精力，消耗在這些物質的需求與滿足上，無法真正自由自在地享受！」

這時，有個門徒不解地問道：「是嗎？但是，每個人都渴望富有啊！」

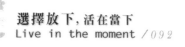

第歐根尼回頭看著這個門徒，笑著說道：「是嗎？你看過哪個富有的人，真正暢快大笑？為了追逐財富，他們正被它們支配著生活；為了獲取這些虛假浮華的財物，他們正被它們奴隸著，他們不僅出賣了自己的獨立性，更出賣了自己的靈魂！」

要在那個追逐權位、富貴的年代，能夠如此無慾無求，大概只有第歐根尼一個人吧！當時是亞歷山大大帝的天下，每個人都渴望能成為他的麾下，唯獨第歐根尼，完全不理睬這位新君主。

受教於亞里斯多德的亞歷山大，決定遵守老師的教誨，禮賢下士。他謙卑地造訪第歐根尼，希望也能聆聽他的教誨。

這天，亞歷山大排場浩大地來到科林斯，當每個人都爭睹這個英雄的風采時，第歐根尼仍然一聲不吭，完全不管身邊的嘈雜，自顧自地做著手邊的事。經過好長的一段時間後，亞歷山大先開口向他問候：「第歐根尼你好，你需要什麼嗎？無論什麼我都可以給你，只要你開口。」

第歐根尼抬起頭，點了點頭說：「我的確需要你的幫忙，請你站到一邊去，你擋住了我的陽光！」

當第歐根尼說出此話時，現場響起一陣驚呼與嘲弄的噓聲，接著便是一陣沉默，而第歐尼根則一點也不以為意地躺在地上，享受日光浴。

亞歷山大移動腳步之後，沉默了一會兒，準備離開前，他又回頭望了第歐根尼一眼，接著對身邊的人們說：「假如我不是亞歷山大，那麼，我一定要當第歐根尼！」

這是智者的故事，也是智者的面貌。他們的風範古今均同，他們的生活態度千年不變。更重要的是，千百年來不僅人人稱頌，

也人人羨慕。

　　也許有人會說：「我不想當聖人，所以不必像他們一樣。」

　　只是，難道你不想像他們一樣自由自在地生活嗎？

　　在現代社會中，我們經常聽人們這麼說：「當你獲得名利的同時，也要有失去自由的心理準備。」

　　因為，當你汲汲營營地追逐名利之時，自然會給自己諸多規範與侷限。為了攀上成功的最高峰，多數人也慢慢失去人生的真正目的與趣味。

　　「不為物使，不為物役！」這是蘇東坡先生的生活哲學，更是渴望自在生活的人唯一該奉行的座右銘。

　　從第歐根尼的生活哲思中，我們明白：「沒有人不需要自由，然而你必須先走出自己打造的生活牢籠，你才能獲得真正的自由！」

穩定情緒才能解決難題

失控的情緒很難想出解決方法。與其慌張失措地
陷在困擾中，何不先穩定情緒，慢慢地找出辦法
呢？

　　諾貝爾文學獎得主，法國文豪巴爾札克曾在他的著作裡寫道：
「一個年輕人，心情冷靜下來的時候，頭腦就會變得穩重。」

　　性情急躁的人最常患的毛病就是情緒容易失控，一遇到不如
自己心意的事情，就會心煩意亂，失去主宰自己行為的能力。

　　思緒不清的結果，自然會造成沉重的心理壓力，即使是極為
單純的小事，也會被自己弄得一團糟。

　　想解決事情，就要先把情緒穩定下來。

　　這樣一來，才不會浪費太多的時間和精力在一些芝麻綠豆的
小事上，導致生活總是一事無成。

　　據說，在非洲草原上有一種吸血蝙蝠，體型非常瘦小，但卻
是野馬們的頭號敵人。

　　因為，這種吸血蝙蝠是依靠其他動物們的血液維生，而野馬
則是牠們最常吸血的對象。

　　牠們在攻擊野馬時，會緊緊地附在馬腿上，並敏銳地用鋒利
的牙齒，把馬腿刺破，然後開始吸取馬血。這時，被蝙蝠刺痛的

馬兒，會開始亂蹦亂跳，企圖掙脫蝙蝠的糾纏。

　　然而，不管野馬如何狂奔或踹動，吸血蝙蝠仍然緊緊吸附在馬腿上，而且牠們還能從容不迫地從馬腿上轉移陣地，一會兒在馬背上吸血，一會兒又落到馬頭上，直到吸飽為止，吸血蝙蝠才會自動離開野馬。

　　不過，就在蝙蝠吸飽了之後，野馬也已經斷了氣。

　　動物學家們發現這個現象，開始研究這種可怕的吸血蝙蝠，然而卻讓他們有了一個重大的發現。

　　他們發現，吸血蝙蝠所吸取的血量，對馬兒來說根本微不足道，那就好像是人類擦傷時流出的微量血液，一點也不會失血過多而死，但是為什麼這些馬兒一遇見蝙蝠便會死亡呢？

　　動物學家們蹲了一天，終於把死因解開了。

　　原來，當蝙蝠一附在馬兒的身上時，野馬便會開始狂奔，情緒也變得相當暴躁。

　　牠們在草地上瘋狂地東奔西跑，還經常不小心撞上樹腰，或是誤踩陷阱。除非蝙蝠離開身體，馬兒才會平靜下來。

　　於是，在蝙蝠離開馬身之前，馬兒早已經耗盡精力。即使身上只有一隻小小的吸血蝙蝠，也會讓牠從此倒地不起。

　　對照動物們的現象，你是否也驚訝於生命的雷同？

　　在人類世界中不也如此，有人一遇到問題，即使是件雞毛蒜皮的小事，不也可以讓他捉狂而無法克服解決嗎？

　　也許，有人要說：「因為無力解決！」

　　但是，真的無力解決嗎？

　　還是你根本連想都沒有想呢？

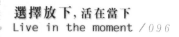

　　天下沒有解決不了的事情，然而許多人就像故事中的馬兒一樣，一遇到麻煩，情緒就失控，更別提冷靜思考了。

　　當然，失控的情緒很難想出解決方法。但與其慌張失措地陷在困擾中，何不先穩定情緒，慢慢地找出辦法呢？

　　下一次，「吸血蝙蝠」再偷偷地吸附在你身上時，請先安定情緒。說不定你就能因此而想出，讓蝙蝠與自己和平共處、相互依存的方法喔！

減輕負擔，才有全新的空間

> 隨時騰出時間，清一清累積在你我口袋裡那些加
> 重身體負擔的垃圾，好讓我們能輕鬆自在地展現
> 美麗的身段。

作家柯維曾經這麼說：「每個人隨時都要清理淘汰不必要的東西，如此，日後才不會出現沉重的負擔。」

一定有很多人受不了充滿負擔的生活，然而，唯一能解開束縛的人，似乎也只有我們自己！

理查‧賴德在《重整行囊》文中，談及過去經歷的一件趣事。

有一年，他和一群好友來到東非探險。理查在行囊中塞滿食物、切割工具、替換衣物、指南針、觀星儀與護理藥品……等等。他仔細檢查背包裡的所有物件之後，便背起大包包，吃力地大喊：「我準備好了。」

不過，眼前的土著導遊見狀，卻突然問了他一句：「這些東西讓你感到快樂嗎？」

理查聽見導遊這麼問，一時間楞住了，因為這是他從未想過的問題。

理查呆呆地看著行囊，反問自己：「快樂？」

他重新檢視包包裡的所有物件，並且有了新的發現，原來有

許多東西根本是不需要的。更何況他要走那麼遠的路，背著如此沉重的負擔，即使現在很快樂，恐怕下一秒他就笑不出來了。

於是，理查重新整理他的行囊，拿出許多不必要的物件。當他再次背起行囊時，包包居然變得相當輕，這時他輕鬆地朗聲道：「我們出發吧！」

理查在書中說：「那趟完全沒有束縛的旅行，讓我玩得相當愉快。而且我也領悟到一件事，那就是不要給生命太多的東西，一切順其自然，因為越簡單，我們的潛能越能發揮出來。」

從此，每當理查在分享他的生活時，總會以這麼一句話作結語：「在人生的各個階段中要定期地解開行囊，並清理出不必要的自我束縛。」

人生何嘗不是如此，在成長前進的路途上，我們會不斷有許多「累積」的動作，在其中，我們會不自覺地塞滿太多雜物，像是束縛、壓力、煩惱，或是不愉快過往……等等。

這些本來可以過去的過去，總是苦惱著我們大半人生。

「丟掉舊的自己，迎接全新的自我」，那種感覺就像大掃除後，換得全新生活空間時的暢快。

所以，隨時騰出時間，清一清累積在你我口袋裡那些加重身體負擔的垃圾，好讓我們能輕鬆自在地展現美麗的身段。

減少應酬，掌握自己的生活

試著推掉不必要的應酬，你才能減少不必要的壓力。學會拒絕，我們才能擁有自己的時間，去做自己真正想做的事。

汽車大王亨利福特曾說過一番至理名言：「不知道工作的人，就像沒有引擎的汽車一樣，沒有絲毫用處；只知工作卻不知休息的人，就有如沒有煞車的汽車，同樣危險無比。」

大多數人都必須工作，才能獲取薪資支付生活所需。但是，當你覺得伴隨工作而來的交際應酬變成一種折磨時，你顯然需要好好思索值不值得。

每個人都需要擁有自己的時間，即使只有一分鐘的獨處，聰明的人也都會努力爭取、善加利用。

休息時就別再想著工作上的事，既然下班了，對於那些不必要的應酬，你絕對有權說「不」。

彼得是一位成功的經理，具備領導才華的他，個性也相當開朗隨和。

不過，他卻有一個很嚴重的缺點，那就是每當在處理社交事務時，總是猶豫不決，無法果斷下決定。例如，有人向他發出邀請函請帖，即使不想去，他也不知道要如何拒絕。

面對天天必須參加的應酬,彼得越來越不快樂,他經常抱怨著:「唉!我為什麼不能掌握自己的生活呢?」

有一天,他又接到一通邀請電話,對方希望他晚上能出席宴會。好不容易能休假與兒子一起閱讀兒童書的他,實在不想再去應付那些應酬了,只是他又擔心:「如果,我就這麼回絕他,未免太不禮貌了,該怎麼辦才好呢?」

這時,他的兒子說:「爸爸,我肚子好餓喔!」

彼得看著兒子,轉念間想到了一個方法,於是他播了電話給對方:「不好意思,我今天人不太舒服,今晚的聚會,我恐怕無法出席了!」

對方體諒地說:「還好吧?那您好好地休息,我會轉告大家的!」

就這樣,彼得終於可以自在地待在家中,與一家人快樂地吃頓晚餐了。

後來,彼得把拒絕邀請的理由寫在紙上,並列成清單放在電話機旁,每當接到他不喜歡的邀請時,他便會選擇其中一項合適的理由,委婉地回絕。

雖然,這讓他減少了許多社交活動,但是他卻一點也不遺憾,他說:「少了那些無謂的應酬,反而讓我有更多的時間,做自己想做的事,生活反而增添不少樂趣呢!」

當你覺得工作是種樂趣,工作才有意義,生活才是享受。如果你被那些無謂的交際活動綁住,那就變成工作的奴僕。

不論是生活或工作,每個人都應該為自己設定標準,對於那些消耗時間精力的應酬,你必須勇敢而委婉地說不!

　　你總是不知道要如何說「不」嗎？

　　在《我拒絕，我有罪惡感》一書中，有這麼一段：「你可以用一些技巧，減少你的承諾，然後，你會擁有更多自己的時間。」

　　休息時就別再想著工作上的事，既然下班了，對於那些不必要的應酬，你絕對有權說「不」。

　　唯有給自己一些充分的休息與喘息的時間，明天我們才能表現得更出色。

　　試著推掉不必要的應酬，你才能減少不必要的壓力。學會拒絕，我們才能擁有自己的時間，去做自己真正想做的事。

簡化自己的生活空間

> 我們不必羨慕別人的寬敞豪宅，只要我們規劃得
> 宜，即使只是一方天地，也能成為舒適宜人的小
> 豪宅。

沒有人不喜歡大空間，然而，當我們左側放一組豪華音響，右邊放一組高級電腦，即使十坪大的房間，也可能會被壓縮得只剩一坪的活動空間。

不想老是生活在壓力中，有空就清一清周遭混亂的房間吧！只要多騰出一點位置，生命活力自然重新湧現，日子還能過得更自在。

播音員克里斯之前居住的地方，是一個兩房的公寓。

許多人都認為，這對單身的克里斯來說，應該是個寬敞而舒適的居住所在。

不過，實際情況並非如此。起初，克里斯也認為他的居住空間很大，於是便在屋子裡塞滿各式各樣的東西，像是家庭用品、家具、書籍、雜誌、電腦、音響……等等，甚至是花草盆栽。

他的房間裡有一個很不錯的落地窗，原本應該是一個視野寬廣的地方，卻在「規劃」下，成了另一個堆積雜物的場所。

不久，克里斯決定搬到更大一點的地方居住，連續幾天他都

忙碌地整理、打包，也先搬出許多東西到新的居所。

　　終於，他準備告別這個舊公寓了，然而就在這時，他才注意到，長期以來都是零亂不堪的地方，居然如此寬敞。同時他這時也才發現，原來落地窗外的景緻如此美麗。

　　此刻他也才領悟到，那些滿堆的物件竟是生活的額外負擔，而且有許多東西根本是不需要的。只要他開始居住時，讓生活的空間簡單一點，他便能享受到人人渴望的「大空間」。

　　於是，克里斯又搬回舊公寓，因為這樣的空間對他來說已經足夠了。從今以後，他唯一要做的是，隨時清理掉生活中不需要的東西，並學會克制購物時的衝動，以免買下非必要的物品，增加生活空間的負擔。

　　此外，克里斯還會不定時整理居住環境，讓自己隨時都能生活在寬敞舒適的空間中。更重要的是，每當他清理完畢，新騰出的空間總是會帶給他新的能量與活力呢！

　　面對窄小的空間，相信許多人都會感到不適。

　　但是，再仔細看一看你的房間，是否真的坪數太小，讓你沒地方伸展呢？還是你也像克里斯一樣，不自覺地把大空間堆成了小空間呢？

　　偶爾抽個空，整理整理你的小豬窩吧！

　　我們不必羨慕別人的寬敞豪宅，只要我們規劃得宜，即使只是一方天地，也能成為舒適宜人的小豪宅。

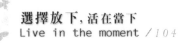
生活越簡單，心靈越滿足

> 簡單生活，並不是要你放棄一切，而是要我們在
> 追逐的過程中，誠實面對自己，認真聆聽自己的
> 聲音，認清自己真正想要的！

簡單生活是一個基本概念，也是一種新的生活趨勢。

當人們無法從物質上獲得滿足時，他們將回溯生命的初衷，尋求單純的生命意義，並找到快樂的真正源頭。

也許，你現在已經名利雙收，然而面對眼前擁有的這一切，你的心中又有多少踏實的感覺呢？

生活管理作家理查德曾說：「我們都需要簡單的生活。」

簡單的生活讓理查德的生活減少許多沒必要的負擔，至於如何開始過簡單的生活，他回憶說：「是從我搬進新的辦公室那年開始的……」

幾年前，理查德搬到一間新辦公室，這裡的租金比舊的辦公室便宜，雖然空間小了些，但是他說：「空間小，又不會影響公司的發展！」

其實，自從換了新辦公室，他不僅減輕了財務負擔，還縮短了通勤的時間與交通費。以時間來說，過去上班的時間要花半個小時，如今只要十分鐘就能到達公司。一年下來讓他省了將近一

百二十個鐘頭，也讓他更能充分運用時間，抓住更多商機。

　　曾經有朋友嘲諷地批評：「理查德，這麼小的辦公室一點也不夠氣派，怎麼能襯托出大老闆的氣勢？」

　　他不以為然地對著朋友說道：「氣派？那對我一點幫助也沒有啊！」

　　當然，並不是每個人都能像理查德，願意放棄虛榮的包裝，捨棄華而不實的外表，並找回自然的自己，活得更加自在。

　　每個人都知道，簡單一點思考，簡單一點生活，日子自然快樂、順暢。

　　只是，每個人也都習慣將這些法則遺忘，寧願追逐複雜的生活，斤斤計較每一個細節，最終讓自己在複雜的生活中，空虛苦悶地度過。

　　選擇簡單的生活，不是非得以地為床，更不需要以天為被，而是當我們準備買下豪宅前，先思考一下：「只有兩個人而已，有必要選擇幾百坪的房屋，來增加自己的孤獨感嗎？」

　　又或是，在我們準備買下百萬名車前，先想想：「有必要買下如此昂貴的車，讓自己每天都過得提心吊膽嗎？」

　　簡單生活，並不是要你放棄一切，而是要我們在追逐的過程中，誠實面對自己，認真聆聽自己的聲音，也唯有如此，我們才能保持單純的赤子之心，並認清自己真正想要的！

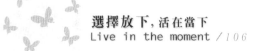
把握心中的快樂天堂

別那麼悲觀地看待生活，也不必老是要跟別人比較。每個人都有自己的生活，你可以開心地笑，又何必悲傷地哭泣呢？

　　心理學家馬修・傑波曾說：「純粹的快樂才是真正的快樂。因為，真正的快樂是發自內心，不受外在事物影響，也唯有如此，你的舉動、思想與態度才會是最真實的。」

　　日常生活中的不快樂原因，我們可以推卸給別人，也可以責怪大環境所造成，但是不管我們怎麼推託，日子並不會因此而快樂起來！

　　面對小煩惱或小挫折，現代人習慣用情緒來宣洩，但是，宣洩過了問題仍然存在。

　　當生活中堆滿了這些不悅或不滿的情緒，日子想快樂起來，恐怕不是件容易的事。

　　這天，蘇菲滿臉苦悶地回到家，家人還來不及提出疑問，她便急著說：「好煩哦！煩死人了，為什麼別人可以那麼快樂，我卻老是笑出不來？」

　　媽媽看著剛剛成為職場新鮮人的蘇菲，知道她又想發牢騷了，便順著她的「煩惱」問道：「什麼事那麼煩呢？」

蘇菲看著媽媽，嘟起嘴巴說：「媽咪啊！瑪姬她為什麼那麼幸福？妳知道嗎？我今天下班後跟她一起去逛街，她居然可以毫不考慮地買了一件六百多美元的洋裝。」

媽媽不解地問道：「奇怪了，她買洋裝，跟妳快不快樂有什麼關連？」

蘇菲看著不懂女兒心的媽媽，口氣不佳地回答：「六百元的洋裝耶，我連一百元都買不起！」

媽媽這會兒才明白女兒的問題，於是說：「妳昨天不是也花了半個月的薪水，買了一串價值一千多元的項鍊嗎？」

蘇菲聽見媽媽這麼質問，這才小聲地反駁：「那又不一樣！」

你認為那裡不一樣呢？

許多人的不快樂理由就像蘇菲一樣，因為別人的物質享受比自己好，或是為了無謂的物質比較而煩心，而活在「比上不足」的生活衝擊中，不快樂似乎也是他們自己找來的。

把心打開，減輕自己的心理負擔，這正是讓自己快樂的唯一解方，就像明明今天決定要出外踏青，天空卻下起了雨，這時候的你，要用什麼樣的心情來面對突如其來的小雨滴呢？

別急著像那些煩躁憂悶的人一樣大罵：「連老天爺都要跟我作對！」

你可以向懂得快樂生活的人學習，因為他們會這麼說：「咦？下雨了耶，說不定等一會兒我們可以看見彩虹喔！」

幽默作家蕭伯納曾說：「如果覺得自己可憐，你的日子將一直可憐下去。」

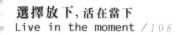

　　所以，別那麼悲觀地看待生活，也不必老是要跟別人比較。每個人都有自己的生活，沒有人會與你一模一樣。更重要的是，你可以開心地笑，又何必悲傷地哭泣呢？

　　現在，不妨對著鏡子裡的自己，獻出一個甜美的微笑。

　　懂得真正快樂的人，即使只是看見鏡子裡的一抹微笑，也能快樂一整天。

從自然中找回生命活力

許多人從高科技生活中得到啟發，開始急於回歸
自然。在大自然不求回報的包容下，更能讓我們
享受零負擔的人生。

　　在現代化環境中，日新月異的科技為我們帶來許多便利，卻
也讓我們失去不少生活的樂趣。

　　我們不能否定科技帶給我們的好處，但不可否認的是，因為
我們越來越依賴科技，許多生命的本能也慢慢在消失當中。

　　絲蒂芬在一次大停電中，發現一件令人驚奇的事。

　　在那個黑暗時刻，絲蒂芬與她的家人對於黑暗產生了興趣，
因為在這個夜晚，他們不僅發現了美麗的螢火蟲，也享受了城市
裡未曾有過的寂靜，還有在黑暗中被激起的互相關懷與溫暖。

　　更重要的是，從那一刻起，他們決定為家人選擇更美好的生
活，這個生活叫作「無電源生活」。

　　在這樣的生活中，孩子們可以遠離電視暴力，投入大地的懷
抱，他們的生活只有讀書與享受自然。

　　在無電源的生活中，還有一個好處，就是他們可以減輕經濟
負擔，像是各種電器費用，以及被廣告誘引之後，所產生的不必
要消費行為。

其實像絲蒂芬一樣，選擇無電源生活的人在美國比比皆是。

瑞德一家人就是一個例子，他們經常圍著爐火，或坐在窗口，看著滿天星斗的天空。

他們非常喜歡這樣的夜晚，因為在這樣的時刻，屋裡的每一個人更能感受到家的溫馨與融洽。

瑞德的好朋友雷‧佩琪，在嘗試過無電源生活，回到澳洲後也找了一座小山丘，開始她的新生活。在這片綠地上，有小山也有綠意盎然的樹林，還有羊群與草地。佩琪更將自己的無電源生活，與每一個來到農莊的旅行者分享。她的臉上，每天都充滿著笑容與活力，對著前來造訪的朋友說：「每天我們都充滿活力！」

許多人從高科技生活中得到啟發，開始急於回歸自然。

其實，原因無他，人們終究是來自於自然，而且在大自然不求回報的包容下，更能讓我們享受零負擔的人生。而這也就是為什麼，當你我從大自然回來時，能夠渾身充滿活力的主因。

當你拿起一本書時，不妨關掉音樂，來到公園的一角，在自然的人聲、微風與鳥鳴中，細細地閱讀手中的書。相信在這樣的環境下，你會有全新的讀書心得與領悟。

恨意越多，日子越不快活

心中恨意越多的人，生活肯定比別人難過，而習
慣了處處提防的人，心中也比別人更容易產生敵
意，更容易與人起爭執。

仇恨、對立與爭執，在現代社會中似乎並未隨著文明的演進
而進步，反而因爲個人主義的高漲而更加突出。

殊不知，寬容所產生的效果，遠遠大於仇視和報復，至於恨
意越多，則只會讓你的生活越來越不快活。

古時候，印度仁君長災王的國土，不幸被好戰的鄰國侵略，
長災王帶著王妃和王子躲藏在一個隱蔽之處，但是最仍然被敵兵
發現而遭到俘虜，只有王子一個人逃出虎口。

王子想盡各種方法，企圖將父王救了出來，但徒勞無功。

長災王行刑的那一天，王子淚眼模糊地來到刑場外圍，遠遠
地望著父王準備赴死情況，心中萬分悲痛與怨恨。

長災王遠遠地看見了王子，只見他在嘴裡叨叨唸著：「不要
看太久，不要急躁焦慮，仇恨只能以無恨去平息。」

這句話當然要說給太子聽的，但是長災王死後，王子卻一心
只想著爲父親報仇。王子混進了敵國皇宮，成爲皇家的奴僕，辛
勤工作的他，很快地獲得了君王的賞賜與信任，也漸漸而成爲國

王的心腹。

有一天，國王率領僕從出城打獵，這個冒充僕人的王子心想：「機會終於來了，今天我一定要報仇。」

來到城外，他設法引誘國王脫離隨從，由他一個人領著國王，來到山林裡四處奔跑。不久，國王感到精疲力盡，由於非常信任眼前這個年輕人，便以他的膝蓋為枕頭，放心地睡著了。

王子眼看時機成熟了，心想：「這真是天賜良機啊！」

只見他立即拔出了刀，準備往國王的脖子上用力砍去，可是，就在這個時候，他忽然憶起了父王臨終前的遺言：「恨只能用無恨去平息！」

這句話不斷地浮現腦海，王子手上的刀因而數度揚起，又數度落下，躊躇不已的王子，最終還是無法下手。

不久，國王突然從夢中驚醒，他對王子說：「剛剛我做了一場好可怕的夢，我夢見長災王的王子，正準備刺穿我的脖子。」

王子一聽，一把將國王推倒在地，舉起刀說：「我就是長災王的兒子，現在就是我報仇雪恨的時候。」

然而，王子雖然忿忿地說著，但是隨即又頹然的將刀丟棄，並跪在國王的面前，說出父親臨終前的囑咐。

當國王得知長災王的遺言時，心中非常感動，也對自己的作為深感愧疚，於是，國王立即向王子道歉，王子也對自己的欺騙表示歉意。

回到皇宮，國王決定將佔領的土地歸還給王子，還簽下了一張盟約，約定兩國要維持永久不變的和平邦交。

心中恨意越多的人，生活肯定比別人難過，而習慣了處處提

防的人，心中也比別人更容易產生敵意，更容易與人起爭執。

　　試著想想，當你的心中塞滿了這麼多不滿情緒，又怎麼開朗得起來呢？

　　「仇恨，要以無恨去平息」，長災王在臨刑前以此遺言告誡兒子，無非是爲了保障兒子的性命，此外，他也明白，不管仇恨多深，只要能去除了仇恨對立的念頭，每個人都可以重新建立關係，重新拓展彼此的幸福未來。

　　人生過程中，很多事情該放下的時候就要放下。放下內心那些偏執、貪癡、怨懟、憎恨，是我們活得快樂的最重要因素，也是生命能否提昇至更高境界的關鍵，不肯放下只會讓自己陷入無盡的痛苦和折磨之中。

PART 5

命運好壞，
就在你的方寸之間

希望命運能夠轉變，

就別放棄自己的意志力和努力，

因為那是我們的生活能量，

更是我們改變未來命運的唯一助力。

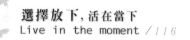
什麼是你生活中最快樂的事

你是否真的快樂，只有你自己才知道，什麼才是
真正的快樂，沒有標準答案，因為，真正的快樂
並不需要加任何調味料。

不知道你認為什麼是世間最快樂的事？

是痛痛快快地撒鈔票，然後再拼命地賺錢？還是擁抱權力，享受物質生活和人們言不由衷的阿諛奉承？

想要活出屬於自己的精采人生，首先，你必須放下這些偏執的認知。

這天下午，有四個剛進佛門修行的比丘，正聚在一起討論「什麼是世間最快樂的事」。

其中，有一位先開口：「春日美景，百花爭妍，能在這樣的景色中遊玩，正是人生最快樂的事。」

另一位聽了頗不以為然，急著說：「非也非也，我認為，可以在宴會中大吃大喝，那才叫快樂。」

這時，第三個比丘搖了搖頭：「不對，我認為能多積財寶，富貴傲人，才是最快樂的事。」

最後一位卻質疑地說：「是嗎？我卻不這麼認為，我想，能妻妾滿堂、誇耀鄉里，那才是最快樂的事。」

當四個人爭論不休時，正巧佛陀經過，他聽完四位比丘的對話，便立即出聲告誡：「你們竟然是這樣禪修的啊？習佛不循正道修行，卻以世間法為樂，你以為春日剛至，美景炫人，那麼秋日的摧殘，你又記得多少？而你，宴會是可以經常舉行的嗎？盛筵易散，有何可樂的？至於財富，乃辛苦得來，卻又憂慮散去，真正快樂的時候又有多少？另外，你說能妻妾滿堂便是快樂，但是，你可曾想到生怨死離之時呢？」

四個人聽見佛陀教訓，全都低下了頭自省，佛陀見他們似有所悟，才說：「真正的快樂是解脫煩惱，證入涅槃。」

接著，佛陀又講了一個故事：從前有位信佛的晉安王，請了鄰國的四個國王來聚餐，他們也討論到世間的快樂事。

其中一位國王說：「旅遊是最快樂之事。」

另一位君王則說：「嗯，我認為能和情人在一起最快樂。」

第三位君王說：「能家財萬貫，一切如意，才叫快樂。」

第四位國王卻說：「不，能夠大權在握，控制一切，才是人間樂事。」

晉安王聽完大家的快樂定義，忍不住搖了搖頭，說：「你們說的，我以為全是痛苦之本，憂患之源，那不是真正的快樂啊！你們想一想，人說樂極生悲，樂為苦藪，得勢雖能凌人，但失勢不是便得受辱？我認為，能修習佛禪，淡慾無求，才是人生第一樂事啊！」

每個宗教都有它的正面意義，然而，不管宗教本身的旨意如何光明，如果修行者的目光仍然擺脫不了世俗和私慾，再好的教義都會被誤用。

　　所以，我們是否真的遵行皈依或受洗之禮，一點也不重要，重要的是，在我們的心中是否真的知道：「修身為何？」

　　你是否真的快樂，只有你自己才知道，什麼才是真正的快樂，其實也沒有絕對的標準答案，就像這兩個故事裡所要表達的宗旨：「真正的快樂，是發自無私無慾的本心！」

　　因為，真正的快樂源自本心，並不需要加任何調味料，入口自然芬芳甘甜。

命運好壞，就在你的方寸之間

希望命運能夠轉變，就別放棄自己的意志力和努力，因為那是我們的生活能量，更是我們改變未來命運的唯一助力。

很多人一遇到問題，總是不願靜下心來面對自己的問題，寧可相信占卜巫士的憑空捏造，一味相信謀事在天，卻不相信成事在人。

當命理師煞有其事，信口雌黃地論斷著你的未來命運時，在你心中出現的，是驚喜還是悲傷？

從前有一位相士，看過一位比丘的面相後，便對他說：「比丘，我必須老實地告訴你，你這是個貧苦之相，所以你的一生必定是淒涼寂寞。」

沒想到比丘一聽，反而開心地說：「好極了！」

相士以為這個比丘被刺激過頭，連忙安撫他，說道：「沒關係，我可以幫你改運。」

比丘搖了搖頭，笑著說：「不必改，出家人本來就應當安貧知足，所以，貧苦之相卻也是我道業成就之相啊！」

這時，有個人不滿地向相士咒罵說：「你這個臭相士，你說會幫我改運，怎麼我一點進展也沒有？」

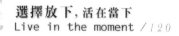
比丘看著這個人，笑著問道：「施主，您的人生是這位相士的嗎？」

這個人不屑地看著比丘：「當然不是了！」

比丘笑著說：「那不就是了，相士有自己的命運，你有你自己的人生，你看，相士都不能讓自己過富翁的富裕生活，只能當一輩子的相士，又如何能改變你的命運呢？」

你總是認為自己是個「倒楣鬼」嗎？

如果是的話，那你恐怕真的要一直倒楣下去了，因為，在你心中將帶著這樣的「倒楣」念頭，一直生活下去。

故事中這位比丘的話語，無疑提醒著我們：「人生沒有絕對的命中註定，希望命運能夠轉變，就別放棄自己的意志力和努力，因為那是我們的生活能量，更是我們改變未來命運的唯一助力。」

所謂命運，只不過是生命的運轉過程，只要你願意，隨時都可以改變命運的軌跡。用正確的態度看待命運，才能使你獲得最大的助益。

不要再怨天尤人，也不要一味怪罪環境和景氣。

試著改變自己的想法，建立正確的態度，客觀審視自己，才有助於自己走好往後的人生旅程。

臉部會反應你的生活態度

看一看你的內心，正抱持著什麼樣的生活態度，
因為心怎麼想，你的生活會很自然地朝著心的方
向前進。

如果你想要了解一個人，那麼你就要多觀察他的臉，因為，
每個人都可以很輕易地控制說話，唯獨臉上的表情卻控制不了。

所以，我們會發現口是心非的人，並感受到對方沒有誠意，
還會拒絕與言不由衷的虛偽者繼續交往。

相信遇到上述的人，你也曾產生這個疑問：「既然無法隱藏，
為何還要言不由衷？」

那麼，你自己呢？是不是也犯了同樣的錯誤？

有一天，阿凡提去拜訪一位擅長做面具的朋友。

當他一看見這位老朋友時，便立即關心地問：「你最近好嗎？
怎麼臉色看起來那麼差？是不是發生了什麼事情呢？」

朋友搖了搖頭，似乎不明白阿凡提怎麼會有這樣的疑問，他
朗聲說：「我很好，什麼事也沒發生啊！」

聽見朋友這麼說，阿凡提雖然稍稍放心，但是，當他仔細地
看著友人的臉，卻仍忍不住懷疑地說：「真的嗎？」

半年之後，阿凡提又抽了個空，去拜訪這位製造面具的友人。

然而，這天他看見朋友時，再次忍不住問道：「咦！你今天的氣色很好哦！和上次見面時完全不同，是不是有什麼好事情發生啊？」

友人聽見阿凡提這麼說，無奈地笑了一聲：「這幾年，我的日子過得相當平淡，什麼好事壞事也沒有發生過啊！」

阿凡提瞪大了眼，看著朋友，心想：「也許，他不想讓我擔心，所以才會這麼說吧！但是，他為什麼要隱瞞呢？」

這天，他多待了一會兒，準備好好地欣賞友人的手藝。

忽然，他發現，當友人做著眼前的微笑面具時，臉上也會跟著出現和面具一樣的臉譜，當他彩繪著手中和善的面具時，在他臉上，也自然而然地出現了和善溫暖的神情。

這會兒阿凡提終於明白了，原來今天的「好臉色」，是因為他這陣子做了許多微笑臉譜的關係，而半年前的「壞臉色」，則是因為做了太多咬牙切齒、怒目相視的兇惡臉譜所致！

為了揣摩各式各樣的五官表情，阿凡提的朋友會跟著製作的面具轉變臉色，這就是所謂的「相由心生」，當他心中揣測著各種情緒表現時，臉部表情自然而然地也被引入相同的「情緒表情」中。

所以，我們不時可以看見，樂天知命的人，即使生活環境再差，在他們的臉上仍然充滿了無限希望，即使將來未可預知，我們也可以知道他們終將擁有屬於自己的美麗人生。

相同的，當我們看見那些滿臉垂喪神情的人時，內心不僅受到影響，還會為他們的未來感到擔憂。

看一看你的內心，正抱持著什麼樣的生活態度，因為心怎麼想，你的生活會很自然地朝著心的方向前進。

懂得付出，才會更加進步

前人種樹，不只能讓後人乘涼，還能提早連接未來！當我們努力要讓未來更加進步的同時，也提早享受了「進步」的過程。

當世界進入工業與資本主義社會之後，個人利益總是大於群眾利益，利己思想太過熾盛的結果，人們只專注於私慾，而忘了對未來延伸關愛，更拋棄了對未來永續發展的責任感。

這也難怪有人會批評這個世界越來越熱，人心卻越來越冷。

很久以前，有個官員到鄉下去巡視。

當他來到一個農村時，見到一位白髮老翁，正彎著腰種植松樹的幼苗。

官員看著老人家，心疼地問候著：「辛苦了，老先生！」

老先生看著眼前身穿官服的人，便放下鋤頭，鞠個躬，輕聲打招呼。

這位官員關心地問道：「您的年紀看起來已經不小了，現在種植那些幼苗還來得及嗎？」

老人點了點頭，滿臉溫和而堅定地說：「當然來得及！我們不該只為自己打算，理應為大眾著想，雖然我不能看見樹苗茁壯，變成大樹，但經過了五十年或一百年之後，我現在種的這些樹苗，

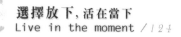

我的兒子或孫子自然就用得著了。如果，我們都只想著眼前的事，卻不願好好地考慮將來，為下一代著想，未來的社會又怎麼能進步呢？」

這位官員聽完後，感動地說：「您說的真是太好了，這些話真是非常有道理啊！那些什麼老學究也不及您的宏觀，我剛才問的那些話，請你別見笑，謝謝您了，今天我真是獲益匪淺。」

說完，他深深地對著老人家鞠了個躬。

當故事中的老先生彎著腰，努力植下新苗的同時，其實他也看見了自己的生命延伸，而我們也感受到一種無形卻真實存在的新生命，不是嗎？

「目前都顧不及了，又如何念及將來？」這是許多人不願對未來負責的理由，然而有多少人知道，當你心中抱持著這樣的態度時，我們也預見了你的人生將會是「日復一日的自顧不及」？

其實，前人種樹，不只能讓後人乘涼，還能讓我們提早連接未來！因為，當我們努力地要讓未來更加進步的同時，我們也提早享受了「進步」的過程，不是嗎？

不怕犧牲才能成全自己

為了得到最好的結局，我們總是在「犧牲」與
「成全」之間掙扎，只是最後的考量，總是期待
別人成全，而不是犧牲自己。

我們經常看見動物們的互助情感，無論是團結的力量、相互
依靠的真心，或是反哺的孝心，每一個小動作都蘊含了無限的生
命意義，這些都是你我應當認真體會與思考的。

不要讓腦袋只存在一個自己，生命的精采與美麗，是因為有
許多人願意與你互動，甚至是為你犧牲。

在一個荒涼的原野裡，鹿王夫婦帶著一群小鹿，棲息於一個
山洞中。

然而，好景不長，原以為是個安樂居所的洞穴，卻在一個秋
天的午后，被一個獵人發現了。

為了捕獲獵物，獵人在洞穴附近悄悄地佈下了陷阱，靜靜地
等待不知情的鹿王誤入陷阱。

這天，鹿王帶著小鹿們來到河邊飲水，就在這個時候，守在
小鹿身後的鹿王，果然一不小心掉進了獵人的陷阱之中。

小鹿們看見父親被捉了，緊張地大聲鳴叫，四下逃竄，而陷
在網子裡的鹿王也滿臉驚恐，當牠用力地咬著網子，企圖將網子

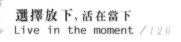

咬破時，卻沒料到牠越是掙扎，網子反而越拉越緊。

這時，母鹿來到鹿王的身邊，焦急地鼓勵著丈夫：「別緊張，慢慢來，我會守在你身邊！」

於是，母鹿就在丈夫的身邊守了一整天，一直等到獵人出現。

當獵人帶著笑容出現，準備帶走鹿王時，母鹿立即從另一邊跑了過來。

獵人突然看見一隻鹿跑過來，害怕地退了兩步。

這時，母鹿也停下了腳步，開口說話：「仁慈的獵人啊！請您放了我的丈夫吧！如果您一定要捉牠的話，那麼請您捉我回去吧！因為，我的孩子們得依靠牠，而我也不忍心看見牠這麼痛苦，求求您了。」

母鹿淚流滿面地對著獵人說，獵人看見勇敢守候在丈夫身邊的母鹿，也深受感動，他驚奇地問：「牠是妳的丈夫？」

母鹿哭泣地回答說：「是的，牠是我丈夫，也是那群小鹿的父親，牠們還很小，非常需要父親！」

獵人看著苦苦哀求的母鹿，惻隱之心油然而生，更感動於母鹿的情真義重，於是，他剪斷了網線，並享受了一份闔家團聚的感動！

在動物的世界，我們總是會看見毫不掩飾的情感表現，即使是弱肉強食的畫面，我們也不覺得殘忍，反而會用「自然生態」來帶過。

之所以如此，是因為我們相信動物們的簡單心思，我們會看見牠們對待身邊的同伴，無論是守候還是相互依靠，在牠們身上，我們從來都不會看見虛假的迎合，或是別有居心的對待，所以我

們總是著迷於自然萬物的一切，一如故事中的野鹿情感。

　　為了得到最好的結局，我們總是在「犧牲」與「成全」之間掙扎，只是人類最後的考量，總是期待別人的成全，而不是犧牲自己。

　　然而，不願付出，又如何能獲得完美結局？

　　心懷「犧牲」，結局不一定會真的「犧牲」，就像故事中的母鹿，很多時候我們認真付出，反而會為我們帶來幸福的結果。

　　所以，當你總是等不到別人的回應，或老是抱怨別人從不為你著想時，或許你應該好好地反省自己，是不是你從來只會等待人們的成全，卻不願為別人付出？

何必老是為小事爭執？

心中有再多的糾結，只要你願意就一定能解開，
又何必老是為了一點小事而爭執，甚至口出惡
言、大打出手呢？

近來，我們經常透過電視報導看見，因為家庭不睦而戕害自
己或是家人們性命的新聞畫面，從事後那些懊悔的臉神中，我們
也再三看見了，情緒失控所種下的惡果！

每當你情緒高漲時，都怎麼處理？

是自認率直但任性的破口大罵，還是閉上嘴巴走出門口，等
到情緒冷靜下來之後，再進門溝通？

有位青年從小與母親相依為命，雖然是單親家庭，但是母子
兩人的生活卻過得相當平靜而快樂。

當男孩長大娶妻，家裡又多了一個人時，原本幸福的家庭，
卻因為兩個女人之間的一點小誤會而破滅了。

從此，婆媳倆幾乎天天爭吵，家裡沒有一天安寧的日子，昔
日一家和樂的景象也不再出現。

後來，母親受不了這樣的對立生活，憤而離開了這個家。

就在母親搬離不久，媳婦生下了一個可愛的男嬰，原本也開
心著當婆婆的母親，卻聽見人們說：「妳媳婦居然說，跟婆婆住

在一起時，婆婆總是嘮嘮叨叨的，認定是妳為家人帶來晦氣，所以讓他們一件喜事也沒有，如今妳搬走了，她才可以這麼快傳出喜訊。」

母親聽到這番話，憤怒難抑：「這是什麼世界啊？居然說因為趕走了婆婆，她才有好事，這世界怎麼都變了？」

母親不斷的嚷著：「既然已經變了，那就讓真理埋葬吧！」

近乎瘋狂的母親，獨自一人朝著墓地走去。

這時，天神看見了這個情況，便現身在母親的面前努力勸說，希望能化解她心中的憤恨和鬱結。

然而，不管天神如何努力，老太太仍然搖著頭。

最後，天神對她說：「那麼，不如我將妳的媳婦和孫子雙雙燒死，這樣也許能平息妳心中的怨恨，是吧？」

老太太聽見天神這麼說，忽然省悟過來，只見她立即跪在天神的面前懺悔，並求天神能保住媳婦和孫子的性命。

在此同時，兒子和媳婦也因為新生命的誕生，察覺自己的不孝與錯誤，出外要把母親接回家，好好地奉養。

當他們經過這個墓地時，正巧聽見了母親的哀求聲，再次見面的婆媳兩人，就這樣在天神的面前握手言和了。

隨即，幸福和快樂再次重現於這個家庭之中，而且這次還多了一個孩子分享這份珍貴的幸福。

人與人之間的糾葛，很多時候源自於想緊緊掌控對方，結果適得其反，內心因而滋生不滿與怨懟。

唯有放下那些偏執的念頭，人才能活得自在快活，才不會被心中的執念勒得喘不過氣。

　　故事中的母親與媳婦的情況，其實也經常發生在現實生活中，他們總是為了一點小誤會而爭論不休，很少有人願意好好地坐下來，認真溝通。

　　其實，心中有再多的糾結，只要你願意就一定能解開，而一家人如果有了誤會，只要彼此願意坐下來談，問題也都會比面對朋友或同事來得更容易解開，畢竟，你們是一家人。

　　就像故事中的母親，心中的埋怨再多，容納在心中的「疼愛」終究會比怨恨多上許多，那麼，我們又何必老是為了一點小事而爭執，甚至口出惡言、大打出手呢？

溝通就是取好的互動

只需彼此用心，那麼就不會有冷戰的氣氛，更不
會有翻臉無情的時候。好好地溝通我們的親情關
係吧！

在眾多情感交流中，唯有親情最能接受時間與距離的考驗，
因為這是生命中最沒有利害關係的情感。

人類生活的真正幸福，只有透過美滿和諧的家庭生活才能獲
得。家，既是孩童成長的搖籃，也是成人的溫暖港灣，我們怎能
不用心去經營彼此之間寶貴的親情呢？

有個男孩很小的時候便離家出走，獨自一人四處漂泊流浪，
只是大家都不知道小男孩為什麼會流浪街頭。

其實，當小男孩不見的時候，他的父親內心相當著急，只有
這麼一個孩子的他，自從兒子失蹤後，也離開故鄉，四處尋覓兒
子的蹤跡。

然而，他歷經千辛萬苦，卻仍然杳無音訊。

十幾年後的某天，這個已成年卻依然窮困潦倒的兒子，來到
了父親旅居的城市裡。

有一天，父子兩人終於在街上相遇了，念子心切的父親，一
眼便認出了親生兒子，他欣喜若狂，馬上叫傭人把流浪的兒子請

回家中。

　　但是，這個男子完全不相信他們，還認為其中藏有陰謀。

　　父親想了想：「這麼久不見了，孩子當然會懷疑。」

　　於是，他便對傭人說：「你告訴他，我願意以優渥的條件僱用他到家裡工作。」

　　兒子聽說有這麼好的工作機會，立即就答應了，並跟著傭人「回家」。

　　男子在家中開始工作，但是他仍然不知道，這裡就是自己的家。慢慢地，他的父親一步步提拔他，最後更讓他掌管家中的一切財產。雖然父親如此重用他，但是男子仍然不知道眼前的「主人」，正是自己的父親。

　　看著誠實又努力的兒子，父親心中十分高興，畢竟兒子純良的本性並未改變。當老人家年事已高，也自知不久於人世，便選定了一天，召集了所有的親朋好友，並當眾宣佈：「今天有一件很重要的事我一定要說明，你們聽著，他是我的兒子！我費了十多年的時間才找到他，從今以後，我所有的一切，都是屬於這個孩子的！」

　　聽見「主人」居然這麼說，男子吃驚地問：「你真的是我的父親？」

　　父親點了點頭，而男子則情緒激動地說：「沒想到，我還有機會看見我的父親，而且還獲得了一筆財產，這真是出人意料啊！」

　　故事中的父親，雖然心中急切地想與子相認，但又考量到兒子的感受與自尊，於是他努力地忍住了情感，慢慢地等待著兒子

接受的一天，更靜靜地期待著與子相認的那天。

　　看著這對經歷千辛萬苦才幸運重逢的父子，在你心中，是否也激起了些許感動的漣漪？

　　回顧生活，我們又是如何與家人們相處互動呢？

　　其實，親情溝通從來都不受時間的限制，所以沒有人可以拿時間來當藉口，一切只需彼此用心，那麼在同一個屋簷下，就不會有冷戰的氣氛，更不會有翻臉無情的時候。

　　好好地溝通我們的親情關係吧！

　　如果，我們連最基本的親情都無法維繫，那對外的人際溝通恐怕也很難順暢了。

盡全力，人生就不會有遺憾

無論生活上遇見了什麼樣的困難，凡事都能盡心
盡力，那麼在沒有遺憾與生活中，人生自然能耀
眼奪目。

　　美國作家海爾曼說：「有一天，當你發現自己的境遇都是自
己造成的，而非源於意外、時間或命運，那是多麼悲哀的事。」

　　不希望人生有任何遺憾，只要你盡力去做就對了！

　　這是大多數成功者的結論，也是他們最基本的生活態度，更
是讓他們擁有精采人生的唯一方法。

　　國際巨星茱麗葉・畢諾許的人生觀十分獨特，她認為：「人
生最重要的一件事是能平靜地死去。」

　　當記者們聽見巨星如此說時，都吃驚地問：「為什麼？」

　　只見巨星帶著甜美的微笑說：「能平靜，是因為我們一生中
必須做的事都完成了，所以可以死而無憾，平靜安詳地離開了。」

　　對畢諾許來說，人生有許多階段，而且每一個階段都會有不
一樣的任務要做，當然也會有屬於該階段最重要的事得去實現。

　　她說：「十八歲時，最重要的事是學會獨立生活；開始工作
以後，我們要仔細聆聽內心深處的聲音，知道自己想要追尋的夢
是什麼。」

　　「您目前是屬於什麼階段？對妳來說，目前最重要的事是什麼？」

　　畢諾許甜蜜地笑著說：「我現在當然以家庭和小孩為重囉！」

　　「但是，您工作那麼忙，而且每一部片子幾乎都得到國外出外景，妳要怎麼安排時間呢？」

　　「即使出國拍戲，我還是有休息時間啊！我每天都會利用電話與孩子溝通談心，這也是我調劑身心最好的方式。」畢諾許說。

　　我們可以這麼說，演技一流的畢諾許，不只是工作出色，更是一位好媽媽，懂得在工作與家庭之間找到平衡的她，生活也一定比常人都過得還要精采。

　　其實，我們也可以擁有這樣的精采人生，只要我們能像畢諾許一般，無論生活上遇見了什麼樣的困難，凡事皆能盡心盡力，那麼在沒有遺憾與生活中，人生自然能耀眼奪目。

　　你還在找尋豐富人生的方法嗎？

　　你根本不需要花那麼多時間找秘方，儘管生活的方式有很多種，但生活的態度卻只有一種，那正是畢諾許在故事中表現的旨意：「無論如何，凡事盡力去做就對了！」

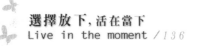
慾求無度，只會增添痛苦指數

適度地給予自己一個慾望來激發人生，的確有其
正面意義，只要別過度縱慾，我們就不會被慾念
迷惑，不會迷失生活的方向。

幽默作家蕭伯納曾經在著作中寫道：「世上許多人在財富名
利中浮沉，只有甘於平靜生活，知道生存即幸福的人，才真正進
入天堂。」

人不要汲汲營營於物質條件的豐厚，而要追求精神層面的快
活。那些一味追求財富名位，看似活得風光體面的人，很多時候，
只不過是用一個又一個慾望來增添自己的負擔罷了。

我們經常會被慾望所迷惑，在狂歡的日子中忘了痛苦的另一
面，在富裕安逸的生活中忘了隱藏的危機。

有位比丘尼在森林中遇見了一隊商人，此時太陽西照，商人
們決定在這兒露宿，雖然比丘尼也想要在這裡休息，但是她卻沒
有與商人們攀談，而是來到距離商隊不遠處徘徊踱步。

這時，森林的另一端忽然出現了許多山賊。

原來，他們打聽到森林裡將有商隊經過，便計劃對他們下手。

但是，當他們靠近營隊時，卻看見一個人在營外漫步，以為
商隊有所準備，於是他們重新計劃，決定要等到夜深時分再動手。

　　不過，營外巡迴的人卻通宵站立，沒有入營休息，直到天色漸亮，山賊因為無機可趁，只能氣憤地大聲怒罵離開。

　　因為山賊咒罵的聲音過大，把熟睡的商人給吵醒了，他們連忙趕了出去，遠遠望見一群山賊手執刀棍往山上跑去，而營外卻站立了一位出家人。

　　商人驚恐地上前問道：「大師，您有看見山賊嗎？」

　　「是的！早就看到了。」出家人回答。

　　商人又問：「面對那麼多的山賊，您怎麼不害怕？您獨自一個人怎麼敵得過他們呢？」

　　出家人和氣地回答說：「呵！會害怕山賊的都是些有錢人，你看我，衣著如此寒酸，需要擔心什麼？」

　　比丘尼的這些話如醍醐灌頂，令商人們有番深省，暗自思索：「如此不實在的金錢，大家卻拼了命要取得，而真實自由自在的平安生活，我們卻視若無睹，這樣的人生對嗎？」

　　忽然，商人們全跪了下來，虔誠地對著比丘說：「師父，請讓我們追隨您修習佛法吧！」

　　生活上，人人都希望豐衣足食，希望能快樂享受，然而人的內心有那麼多的慾求，確實很難一一滿足，所以故事中的比丘尼認為：「簡單樸實，是自由自在的生活要訣！」

　　要讓人們完全沒有慾望，確實是件很困難的事，更有人認為，正因為他們心中有了這些慾望，生活才會充滿了積極動力。

　　其實，每件事都不會是絕對的，所以，適度地給予自己一個慾望來激發人生，的確有其正面意義，只要別過度縱慾。節制自己的慾望，我們就不會被慾念迷惑，不會迷失生活的方向。

PART 6

選擇放下，活在當下

只要我們能把握住「當下」，

那麼我們便已同時掌握住了昨日、今天與明天。

選擇放下，活在當下

只要我們能把握住「當下」，那麼我們便已同時
掌握住了昨日、今天與明天。

《魯賓遜漂流記》作者笛福曾經寫過這麼一句話，值得我們
深思：「當你將手掌緊握，充其量只能擁有自己能握到的空氣；
當你將手掌打開，你就能夠擁有全世界的空氣。」

因為不懂得放下，不懂得活在當下，我們總是懊悔著昨日，
眺望著明日，讓近在身邊的幸福快樂和自己擦身而過。

其實，我們不必為錯過的太陽而哭泣，因為已逝的過去肯定
無法挽回，我們只需牢牢把握住現在。

或許此刻已是夕陽西落，但別忘了明天朝陽，很快地便會重
升，只要我們能緊緊地握住此刻，即使夕陽已落，那落日的餘暉
仍然會長存心中。

有位哲學家造訪古羅馬城時，在一座廢墟裡發現了一尊雙面
神。然而，這位被喻為學貫古今的哲學家，面對著這尊神像，卻
怎麼想也想不起來，祂具有什麼樣的代表性或特殊性。

於是，他忍不住上前，向這個怪異的雙面神請教：「請問神
明，您為什麼一顆頭會有兩個面孔呢？」

　　只見雙面神正對著哲學家的這面說道：「因為，我這樣才能一面查看過去，以記取教訓，同時也一面瞻望未來，給人無限憧憬。」

　　哲學家聽完後，卻不解地問：「為什麼只看過去和未來呢？你為何不注視最有意義的現在？」

　　雙面神一聽，兩面皆茫然地叨唸著：「現在？」

　　哲學家發現雙面神似乎不解，於是他解釋道：「就是現在！其實，過去是現在的逝去，而未來則是現在的延續，你既然無視於現在，那麼你對過去瞭若指掌，對未來也能洞察先機，又有什麼意義呢？」

　　雙面神聽完哲學家的說明，竟忽然號啕大哭起來，哽咽地說：「原來，原來是我沒有把握住現在，以致於羅馬城才會被敵人攻陷啊！因為我錯誤的態度，讓人們再也不相信我，而將我獨自丟棄在這個廢墟中啊！」

　　雙面神為了能查看著昨日，刻意地增添了另一個觀望昨日的面孔，而為了能滿足人們預知的慾望，以便及早發現明天將會發生的事，讓另一面只專注於明天。直到哲學家當頭棒喝地提醒：「當下呢？」才醒悟過來。

　　那你的「當下」呢？

　　你是否也像雙面神一般，浪費了許多時間在懊悔昨日之非，更浪費了過多的「此刻」尋找明天的預言呢？

　　「活在當下」的意義，其實不只有今天而已，所謂的「當下」其實包含了已逝的昨日，更包含了即將到來的明天。只要我們能把握住「當下」，那麼我們便已同時掌握住了昨日、今天與明天。

作家斯特恩曾經寫道：「痛苦與歡樂就像光明與黑暗互相交替，只有知道怎樣使自己適應它們，跟它們和平共處的人，才懂得怎樣生活。」

諾貝爾文學獎得主，蘇聯作家索忍尼辛則強調說：「生命最長的人，並不是活得最久的人。」

生命的用途並不在長短，而在於我怎麼利用它，許多人活的日子並不多，卻活了很長久，活得幸福充實，因爲，這些人懂得活在當下，懂得讓自己在最短暫的歲月當中，活出最美麗璀璨的人生。

愛物惜物，才能累積財富

> 財富是靠累積的，因為累積十分辛苦，我們都能
> 發現，那些所謂的有錢人愛物惜物的態度，經常
> 比你我有過之而無不及。

美國沃爾瑪集團在全球性金融風暴中逆勢成長，羨煞了不少
企業和民眾。沃爾瑪的成長來自正確的財富觀念，它的創辦人薩
姆・沃爾頓曾經回憶說：「從小，我就知道要用自己的雙手掙取
一塊美元有多麼辛苦了，因此，我一直遵守父母親的教誨，特別
是金錢觀，那便是：『一毛錢也不隨便亂花！』我也知道，這是
累積財富最基本的觀念。」

財富從來都不會從天下掉下來，所謂的意外之財，也始終都
讓人擁有得心虛，畢竟多數的意外財來得快也去得快；只要並非
一塊錢一塊錢所累積出來的財富，最後都將在慾望的伴隨下，快
速地消失。

薩姆是出了名的節儉富翁，擁有億萬家產的他，卻只有一輛
老舊的貨車代步，頭上戴的只是印有沃爾瑪標誌的便宜棒球帽，
從小到大只在街角的理髮店理髮，只在自家的折扣百貨店購買日
常用品；公務外出，也會儘量與人共住一房……

人們無法理解他為何如此節儉，但是，薩姆卻說：「這有什

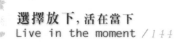

麼好奇怪的，我從小到大都如此啊！」

原來，薩姆出生在美國中部小鎮的一戶普通農家，由於成長時期正巧遇上經濟蕭條期，因而讓他培養出努力工作和簡儉的生活態度。

沃爾瑪公司裡的一位經理便這麼說：「我們就是這樣長大的，所以，當地上有一枚被遺棄的銅板，也許沒有多少人會去把它撿起來。但是我會，而且我打賭薩姆也會。」

正因為從小便體會到每一分錢的價值，所以這位經理與沃爾瑪都深知，每一分錢都是辛苦賺來的，也因此始終保持簡樸的生活。

主張「生活減擔」的薩姆也說：「雖然我不希望我的孩子們將來必須刻苦到打工賺取學費，但是，如果他們有任何奢侈的生活心態，那麼就算我死了，也要從地下爬出來教訓他們。」

其實，不只是家庭教育上，連員工的基本生活教育他也堅持以身作則，他的目的是：「要讓每個人都明白勤儉的好處。」

有一次，他派一位員工去租車，但是很快地，薩姆又叫他將車子退租，原因是：「這車子太大了，我只租小車。」後來，員工也明白了薩姆的用意，原來他不願讓人看見他所使用的公務車竟比員工要好。

薩姆出差洽商，選擇旅館時，標準也與員工們一樣，甚至他還會與員工們同房。

曾經有人問他搭機的感覺時，他竟說：「我只搭過一次頭等艙，那次是因為時間太趕，又只剩下頭等艙的位子，秘書不得已只好幫我買了。」

當他連續兩年名列全美首富時，他對記者講的第一句話是：「這玩笑實在開得太大了，我怎麼會是最有錢的人呢？」

聽見薩姆說，他是非不得已才搭頭等艙的時候，也許有很多人會不以為然地說：「那叫小器、摳門！」

　　你真的認為他只是個守財奴嗎？或者，同樣辛苦賺取一分一毫的你，其實十分理解薩姆的金錢態度呢？

　　因為財富是靠累積的，也因為一塊錢一塊錢的累積十分辛苦，我們確實都能發現，那些所謂的有錢人愛物惜物的態度，經常比你我有過之而無不及。

　　我們不是無法累積財富，而是因為我們太放縱自己，經常輕易地讓難得的財富一點一點地流逝而不自知。

　　愛物惜物，才能累積精神與物質財富。珍惜生活中值得珍惜的一切，這樣的表現或許會被某些不懂生命意義的人批評為「吝嗇」，但是只要自己的心靈感到富足，又何必在意別人的眼光？

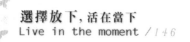

沒有貪念就不會受騙

天下沒有白吃午餐，以為佔盡了對方便宜的人，
最後卻經常發現，自己竟然損失更多。

如果不想老是被詐騙，那麼我們便要懂得釣魚的哲學，那便是「魚」與「餌」的關係；我們不想受魚餌的誘惑，那麼就要學會放下，克制貪求的心，克制老想佔人便宜的貪婪之心。

只要我們選擇過心安理得的生活，心裡沒有多餘的貪念，那麼無論人們怎麼引誘，賠了夫人又折兵的慘況就不會發生在我們身上。

十三歲的古德和父親正在芝加哥的街上漫步。

當他們經過名為「德魯比克兄弟」的服裝店時，門口正站著一位笑容可掬的男子。

男子一見到古德他們，立刻向他父親伸出手來，並大聲嚷道：「先生，請進，歡迎光臨本店！我們有一套非常漂亮的服裝，若能穿在您的身上，實在再好也不過了，今天本店大減價，您千萬別錯過啊！」

古德的父親搖了搖頭，說：「不，謝謝。」

父親拒絕後，和兒子便接著繼續前進。

這時，好奇的古德回頭看了那個店門口的男子一眼，卻見那位能說善道的推銷員又纏住了另一個人。

只見他緊緊地捉住一位過客的手，並積極地指著窗口的一件藍色條紋套裝，不一會兒，男子便被帶進了店舖。

這時，古德的父親搖著頭，說道：「這對德魯比克兄弟真是厲害，他們靠著『裝聾』，便賺足了三個孩子上大學的學費。」

古德不解地問：「裝聾？裝聾也能賺錢嗎？」

父親笑著說：「是啊，但是那也只有他們做得出來。」

原來，他們兩兄弟的哥哥先把顧客哄騙進店後，便開始勸說客人們試穿新裝，接著他讓客人在鏡子面前仔細端詳，並不住地奉承讚美客人。

他們以甜美的語言慢慢地打開了顧客的心防，直到客人問道：「這套衣服要多少錢？」

德魯比克哥哥這時會把手放在耳朵上，反問了一次：「你說什麼？」

客人便又高聲地說了一遍：「這套衣服要多少錢！」

這時，哥哥會說：「喔，價格啊！你等等，我問問老闆！」

於是，他會轉身向坐在寫字台後的弟弟大聲問：「德魯比克先生，這套羊毛服裝要多少錢？」

而弟弟扮演的「老闆」這時便會站起來看了看顧客，接著答道：「那套啊！七十二美元！」

這時，哥哥會故意地問：「多少錢？」

「七十二美元啦！」老闆加大了音量回應。

哥哥這才笑著轉身，並對著客人說：「先生，一共是四十二美元！」

每位顧客一聽到這樣的價差，無不認為自己走運，在貪小便

宜的心態作用下，他們幾乎立即掏出錢買下，接著便溜之大吉！但是，他們買到的價格其實是原來訂價，一點也沒有佔到便宜。

父親最後說：「當然，這種騙局也算是一個願打、一個願挨，所以，孩子，凡事可要張大眼睛看仔細啊！不要被他人的偽裝蒙蔽了。」

古德點了點頭，說：「我會的，爸爸！」

十分有趣的小案例，在醜惡且貪婪的人性表現中，我們不也時常看見那些自以為佔了便宜的人，最終全被人反將一軍？這樣的畫面十分滑稽，卻得不到人們的同情。

現實生活中屢見不鮮的詐騙案件，不少手法與貪念其實與這則故事不謀而合，不是嗎？

放下貪念，就不會受騙！

天下沒有白吃午餐，以為佔盡了對方便宜的人，最後卻經常發現，自己竟然損失更多，只因一時的貪念興起，一時的慾望貪求，最終反而讓自己掉入貪婪的深淵，甚至溺斃。

聽聽古德父親的教訓，那不僅適用於小古德，更加適用於老是想佔人便宜的人。讓自己的心思簡單一點吧！別想佔別人便宜，少一點貪婪的念頭，我們必定能獲得更多！

有多少能力便享受多少樂趣

> 聰明的人懂得依自己的能力過生活，不要用華貴
> 的外衣來包裝空洞的內裡，因為那騙得了別人，
> 卻騙不了自己。

不管經濟多麼拮据，不管生活多麼忙碌，只要我們能放下心中不必要的慾念，隨時都可以用愉悅的心情展開自己的快樂人生。

有多少能力，就享受多少樂趣。

不要讓生活透支，也不要過度放縱自己的享樂慾望，人生很長，我們要聰明地分配快樂的能量，有多少能力便享受多少樂趣。

外表華麗不代表能力滿分，浮華不實的金錢態度，只會讓自己陷入痛苦的金錢遊戲之中！

查爾斯正與看起來十分富裕的麥賽福聊天，育有三個孩子的麥賽福，不僅婚姻幸福，三個孩子的表現也是人人誇讚。

兩個許久未見的老朋友，從過去聊到現在，原本討論得十分開心，但是，就在查爾斯問到麥賽福的現況時，麥賽福的臉色忽然沉了下來。

查爾斯以為自己問錯話了，連忙向他道歉：「對不起，如果你不想談的話，就不必回答。」

麥賽福苦笑著說：「唉，我也不知道要從何說起。」

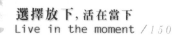

查爾斯安慰著朋友說：「放心，沒有什麼解決不了的事。」

麥賽福嘆了口氣並搖了搖頭，說：「我只是沒有想到，我們家也會有入不敷出的時候。我現在才知道，原來我們家每個月的支出竟然那麼大，像是每個月得參與的高爾夫俱樂部聚餐，孩子們私校的學費，以及家中其他各項雜物上的支出等等，這些開銷壓得我快喘不過氣來了。」

查爾斯一聽，立即對朋友說：「重新規劃你的生活支出吧！」

麥賽福點了點頭說：「我很想啊，但是，只要一想到每個月都有三千美元的缺口，我就睡不著覺了，而且每到月中我的薪水就已經用光了。」

查爾斯又問：「那接下來的日子，你們要怎麼渡過？」

麥賽福滿臉無奈地說：「先用信用卡付帳啊，不然怎麼辦？」

只見麥賽福說完話後，再次拿起了手上的雪茄，深深地吸了一口。原來，麥賽福很早就瀕臨破產邊緣了，但是，他過去的嗜好與消費習慣卻一直都沒有改變，過慣了舒服、享受的生活方式，他們一家人確實有許多放不下的東西。

查爾斯幫他們計算過了，如果他們再不放棄一些不必要的支出，就算他們一家人工作到死，也無法還清積欠的債務！

所謂由奢入儉難，正巧可以對照麥賽福家的情況，因為面子問題，讓麥賽福仍然想用華麗的外表來麻醉即將破產的事實。

但如此一來，反而讓自己落入了更深的負債之中，還進一步讓家人們深陷貧困的泥沼，拖累自己也拖累家人。

聰明的人懂得依自己的能力過生活，更懂得依當下的情況來調節自己的消費支出，他們知道，生活不能踰越「過」與「不

及」，一旦在這兩個原則之間有了太過的情況，都將讓自己的生活掉入不正常的狀況，讓原本可以享受快意生活的美夢，因為自己的錯走一步，轉變成連連惡夢。

放下吧！不要用華貴的外衣來包裝空洞的內裡，因為那騙得了別人，卻騙不了自己，回到自己的世界，我們始終得面對生活上的失落感，更得獨自承擔經濟困窘的事實。

明白其中的道理，我們便能從別人一天只花固定錢的堅持中，相信自己也能如此堅持，我們不必為了擺闊，而故意增加消費，因為你真的可以大方地對人們說：「對不起，我目前經濟不佳，我今天只能花這些錢。」

然後，你便能從頭開始，慢慢地累積出你所夢想的財富。

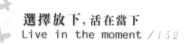
別把時間浪費在金錢上

簡單生活，簡樸打扮，才能活得充實快樂，因為
我們沒有太多的時間浪費在奢侈浮華上。

蘇聯作家愛倫堡曾經說過這麼一段話：「對一個人來說，日
子過得快不快活，不在於他的家世、他的膚色、他的財富，或是
他擁有什麼權力和地位，而是他用什麼心情面對自己的人生。」

對你來說，身穿名牌精品最重要，還是在工作上擁有快樂最
重要？

一餐上千元的牛排，與一頓幾十塊便能飽足的簡餐，對你來
說，哪一個才能滿足你的口腹之慾？

生活上有太多取捨，什麼該捨，什麼才是我們應當努力爭取
的，全有賴聰明的你仔細評估。

卡文迪斯是英國著名的科學家，在他去世六十年後，劍橋大
學為了紀念這位偉大的科學家，特別花費了三萬英鎊，建造一座
世界著名的卡文迪斯實驗室。

當人們回顧大師的一生時，他們發現，卡文迪斯生前也曾有
過一段貧困的日子，只是這段艱苦的生活並不長，因為幸運之神
在他吃了幾天苦頭之後，便將好運氣送來給他。

　　那是在一個寒冷冬天的午後，就在卡文迪斯門前，忽然出現了一輛豪華馬車，車上忽然跳下來一位紳士，對他說：「我是倫敦銀行的人，這張一千萬英磅的支票是您的！」

　　卡文迪斯忽然收到這張支票，非常吃驚，呆立在門口好長一段時間，直到銀行經理解說完畢坐上馬車後，這才回過神來仔細端詳手中的支票。

　　原來，這筆鉅款是卡文迪斯的姑母送給他的，這也讓他一夕間便成了千萬富翁。只是一向討厭銅臭的卡文迪斯，面對這筆從天而降的鉅款一點也不開心。他考慮了很久，最後決定：「嗯，這些錢足夠讓我建造一座擁有一流設備的實驗室。」

　　一想到實驗室，卡文迪斯立刻精神了起來，也立即積極規劃實驗室的設計。很快地，卡文迪斯的個人實驗室終於完成了，至於剩下的錢，他原封不動地存入銀行，從此再也不聞不問。

　　每天樂在實驗工作中的他，雖然是當時英格蘭銀行的大戶，但是他的衣著一如往昔，釦子掉了仍然補了又補，簡樸的生活也從未改變。有一回，他準備前往皇家學院面談時，竟然穿了一件被硫酸燒出一個大洞的襯衫去，一身簡陋的模樣，還一度被學院的職員誤認是流浪漢呢！

　　被阻在門外的卡文迪斯將通知單遞出後，職員這才知道，原來眼前站的是著名的科學家。

　　其實，卡文迪斯不僅外在簡樸，就連吃也很節省。

　　有一回，他在家宴請其他科學家時，僕人對他說：「先生，五個人只準備一隻羊腿似乎不太夠。」

　　沒想到卡文迪斯一聽，只淡淡地說：「是嗎？那就準備兩隻吧！」

　　對此，曾經有人問他：「你把錢全部放在銀行不用，自己卻

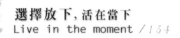
過得這麼寒酸，太不合生活邏輯了吧！」

卡文迪斯不以為然地說：「是嗎？我不覺得啊！我認為身為一個科學家，應當把時間多用於科學上，而不是用在金錢消費中。」

因為心中的目標不同，也因為珍視的價值不同，所以卡文迪斯的生活才會如此與眾不同。

對卡文迪斯來說，太過在意生活上的繁瑣小事實在沒有必要，因為那實在很浪費時間。對他來說，所有關於科學的範疇才是他生活的重心，也才是值得耗費時間的珍寶，所以他才會如此堅持：「身為一個科學家，生活裡除了科學，還是科學！」

這個論點其實也普遍表現在許多成就不凡的名人身上，他們在自己的發展領域中，幾乎可以用「沉迷」兩個字來形容。

無論是沉迷在科學探究、創意研發，還是在醫學研究中，他們所現出來的生活態度，和卡文迪斯是一模一樣的：「簡單生活，簡樸打扮，因為我們沒有太多的時間浪費在奢侈浮華上！」

從中，我們也歸結出一項簡單而成功的生活定律：「經常投入工作中而廢寢忘食的人，對於物質的享受總是嗤之以鼻，但是他們卻十分在意是否能從工作中獲得樂趣，因為對他們來說，生活上最值得的投資與消費，只有生活能否充實快樂！」

心靈富足才是真正的財富

沉溺於功名利祿中的人，不僅會失去自己的價

值，最終還會迷失在財富的追逐中。

精神上的滿足是看不見的，我們無法用物質來填充精神上的缺口；心靈上的滿足也是看不見的，但是，我們卻需要無形關懷，安撫受傷的心靈。

聰明的人會讓精神得到充分的滿足，因為他們知道那不是金錢財富所能比擬的，因為充實的感覺，我們都將讓人生得到真正的快樂與富足。

三十三歲時，日後成為鋼鐵大王的安德魯‧卡內基，在日記上寫著：「對金錢執迷的人，是品格卑賤的人，如果我老想著追求賺錢之事，終有一天必將墮落。所以，我設定，每當我到達某個財富目標時，便要將之回饋給社會，那麼我就不會迷失。」

六十歲時的卡內基已經是個成功名人，功成名就的他，決定要退出商場去養老，並在晚年期間，多做些自己長久以來一直想完成的事──致力於慈善工作，與維護世界和平的夢想。

於是，他在《財富的福音》一書中宣佈這個消息：「我要退休了，不再在商場上爭奪了！」

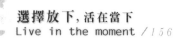

　　當年,他毅然退出正值蓬勃發展的鋼鐵事業,以五億美元的價格,將卡內基鋼鐵公司賣給了金融大王摩根,從此他帶著累積多年的財富,開始投身他構思許久的偉大計劃。

　　他退休後的第一年,先贈與五百萬美元給煉鋼工會,協助他們設立救濟與養老基金的成立,這正是向所有工人們表示他的感謝,接著,他又撥了一筆鉅款來協助貧困家境卻仍力爭上游的年輕人。

　　第二年,他捐款二千五百萬美元,用以發展科學、文學和美術等等。

　　同年,他還在匹茲堡創了「卡內基大學」,接著分別在英美等地捐資,創辦了許多學校與教育機構。

　　在隨後的幾年期間,他又分別成立了許多基金會,像是「捨己救人基金會」、「大學教授退休基金會」以及「作家基金會」等等,總之,已經半百年紀的他,在鼓勵拔擢人才的同時,也不忘照顧與他同年卻晚境不佳的人。

　　最後,他拿出了一千萬美元,以無國界的共享與攜手回饋為宗旨,成立了「卡內基國際和平財團」,專門資助一些致力於世界和平的奉獻者。

　　這是卡內基的人生,也是估量他的生命價值的依據。

　　不過,仔細評估之後,我們也發現,卡內基晚年所投資的無形財富,確實比他有形財富更顯珍貴無價。

　　生命的價值到底要如何評量,有人從個人成就中評定,也有人以心中滿足的程度來界定,那你呢?

　　當你也擁有卡內基一般的人生境遇時,你會以事業的成功或

財富來表現人生的價值，還是像晚年的卡內基一般，堅持除了物質與功名之外，我們還有更多可以爭取的「財富」，關於關懷世人、珍愛世界的無私奉獻？

　　地球是圓的，人際關係也是圓的。只要我們願意伸出手，牽起身邊需要關心的陌生人，我們也將串連起人人渴求的祥和與幸福。這正是深具遠見的卡內基在而立之年時所領悟的：「沉溺於功名利祿中的人，不僅會失去自己的價值，最終還會迷失在財富的追逐中。所以，我們都要看淡財富的享樂慾望，明白因為分享而獲得的精神滿足！」

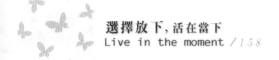
我們要追求的就是那一點價值

無論在什麼樣環境底下，最崇高的價值都在於不
計功勞的付出中展現的無私。

　　人們真正需要的不是財富，也不是名聲，而是身為人的無形
價值。

　　建立起這份無形價值的依據是：「一份不自覺的謙遜表現，
一份無私的分享意願，以及人們從中產生的感動與敬意。」

　　然後，一個人真正的價值由此而生。

　　雖然，X射線是物理學家倫琴最先發現的，但是倫琴卻從來
都不把這項偉大的發現獨佔。

　　謙虛的倫琴在發現X射線時便說：「對於這個射線的性質，
我還不太清楚，所以暫時取名為X射線。」

　　在暫定名稱確定後，嚴謹且慎重的倫琴又花了近一個月的時
間，確認並實驗這個發現，之後他才把早已完成的《新射線的初
步報告》論文，及手上的照片一起寄出。

　　發現一公佈後，很快地便引起科學界的注意與討論，無論是
祝賀信或質疑的信，每天都從世界各地寄送給他，前來實驗室的
訪客更是絡繹不絕。

直到有位醫師利用「X射線」，準確地顯示出人體內的斷骨位置後，「X射線」熱潮也正式沸揚。有一天，倫琴還收到一封信，上面寫著：「請寄給我一份X射線和使用說明書。」

像這類令人啼笑皆非的索取信很多，而幽默的他總是這麼回應：「對不起，目前我手上沒有X射線的存貨，而且，郵寄X射線是一件十分麻煩且危險的事情，因此我無法答應您。」

自從X射線發表之後，倫琴也不斷地榮獲各種科學獎項，但是他似乎對於這些榮譽一點也不在意，他曾經謝絕了普魯士皇室封爵的榮譽，更拒絕在名字上多加一個貴族表徵的封號。

他說：「致力於科學研究與發現是我應盡的本份，更是我的人生目標，那些過高的獎勵與恭維，對我來說是一種恥辱。」

謙虛的倫琴也是個深具使命感的科學家，曾經有廠商想以極高的價碼，向倫琴爭取生產X射線機的專利，但倫琴卻一口回絕：「我認為，科學家的發明和發現都是屬於全人類的，沒有人可以獨佔其中的好處。」

正因為這份正義與使命感的堅持，讓X射線機很快地能普及全世界的醫院，並救回許多垂死的生命。

現代人不只愛斤斤計較，甚至還會以利害來區分彼此間的關係。如果每個人都不願放下自私自利的念頭，吝於付出和分享，如何能得到別人的幫助？又怎能獲得分享的喜悅呢？

倫琴的幽默與謙虛，確實令人激賞，在這個追求功名利祿的社會中，倫琴的謙遜與淡泊，帶來了一個讓人深省的啟發。

對倫琴來說，他不願獨佔這份功勞，因為能讓他發現這項科學奧秘便已足夠了，往後這個發現能否繼續發揚光大，那又是後

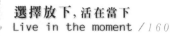
人的責任與榮耀了。

　　所以，這位偉大的科學家願意與人分享，心胸寬廣地說：「這是屬於全人類的發現，不是我倫琴一個人的！」

　　「從謙卑中見偉大」這句話不僅適用於科技領域中，更適用於沒沒無聞的你我身上，因為無論在什麼樣環境底下，最崇高的價值都在於不計功勞的付出中展現的無私。

放下堅持，就能避免僵持

讓遊戲規則在腦海中多轉幾個彎，不僅能減少因
為過度堅持而產生的對立，還能讓溝通空間變得
更加寬廣。

作家肯尼斯·古地曾說：「如果你能從別人的角度多想想，
你就不難找到妥善處理問題的方法。」

每一個人都會有一些堅持，那是生活的遊戲規則，也是人生
必須的規範，但因為每個人所制定的生活規範不同，難免會遇到
衝突，這時我們便要找出這兩個不同遊戲規則中的共通點，並找
出其中可以變通之處。

如此一來，我們才能輕心靈的負擔，讓生活變得更加靈活有
趣，也才能讓彼此更明白互助合作的重要。

在丹麥的伊勒市有許多養狗人家，養寵物原本是件怡情之事，
但是在人們錯誤的飼養態度下，狗狗的問題也越來越多。

一會兒是狗糞的衛生問題，一會兒是小狗在馬路上逛大街，
造成嚴重的交通問題，甚至還因此而衍生不少人際關係上的糾紛，
總之，狗多為患的情況越來越嚴重了。

於是，有人發起禁止養狗運動，當局面對愛狗與厭狗人士的
對立情況也十分苦惱，法令並沒有禁止養狗的條文。

「這該如何是好？」主管們坐在會議廳裡苦惱地想著。

終於，讓他們想到了一個好方法。

原來，當地的私人轎車並不普遍，人們出門上街都得仰賴公共汽車，因而養狗人士便得帶著愛狗搭乘公車。

於是，市政府公告了一項新的地方法規：「在車上，人與狗不能同坐一個位置，必須分開來坐。如此一來，您的愛犬便算是單獨乘車，所以必須買票，並且必須依狗狗的數量計價。如果牠非得與主人一同乘車，那麼您的小狗便算是個人的行李，您得依『行李』擺放的位置，來安置您的小狗。」

狗不能乘車，這對狗主人來說十分不便，像是探訪親友或到公園遊玩等等，少了小狗同行便少了許多樂趣，但是若是陪伴狗狗步行到目的地的話，卻又十分累人，但一想到要把愛犬獨自放在家裡，他們又不放心。

總之，狗主人們想了一堆方法，最後都覺得十分麻煩，於是開始有人考慮別養狗了！果然，法規一頒佈之後，養狗的人變得越來越少了。

看完這則故事，或許有愛狗人士要大呼不公，但是在這裡我們不需要在「狗權或人權」上多所著墨，因為在狗的問題之外，我們還看見了政府部門絕妙的處理方法。

他們沒有用法律來下達「禁狗令」，而是在他們所能掌控的公共區域中，以靈活的「人與狗不得同車」來區分，進而達到禁制的效果，他們輕輕地將約束帶入人們的日常生活中，當人們慢慢地感到不便，之後，便很自然地放棄養狗的慾望了。

其實，法令是僵硬的，立法與執法者則是活的，能讓遊戲規

則在腦海中多轉幾個彎，不僅能減少因為過度堅持而產生的對立，還能讓溝通空間變得更加寬廣，這正是活化觀念的方法，更是促進人與人溝通的絕佳技巧。

　　放下無謂的堅持，就能避免無謂的僵持。

　　我們從故事中發現了一個寓意：「處理爭端的時候，彼此各進一步，然後各退一步，慢慢地，我們將看見一塊寬廣天地，一個能讓我們共享的生活空間。」

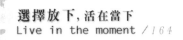

給自己一個正確的理財觀念

> 理財的目的與水庫儲水一樣，都要有量入為出與
> 儲蓄節省的觀念，懂得預留備胎的人，遇到突發
> 狀況，始終都能安然渡過。

仔細算算你曾擁有的手機有多少款？再仔細算算你的衣櫥裡，有多少衣物只穿一次便無法再見天日？

每個人都有許多慾望，但有些慾望是多餘的，必須學會放下。希望擁有財富享受人生的人，除了要能辨別哪些東西是不需要的之外，最重要的是，要懂得克制自己的消費慾望。

肯尼坐上了一輛出租的計程車，司機問了目的地後，又看了一眼肯尼上車前放進車箱中的一個盒子。

司機好奇地問他：「年輕人，你盒子裡裝了什麼東西啊？」

肯尼忍不住抱起了盒子，開心地說：「音響！」

司機懷疑地問：「是嗎？那你花了多少錢買的？」

肯尼聽見司機用如此不屑的口氣，原本喜悅的情緒有些消失，他回應道：「約四十美元。」

司機一聽，立即發出更瞧不起人的口氣：「喔！才四十美元啊！」

肯尼想到自己好不容易擁有的小音響，忽然被人用這般口氣

否定，心中十分不悅，他想：「我開心最重要，沒有人可以破壞我的購物情緒。」於是，他反問司機：「那你認爲我該買什麼樣的音響才對呢？」

計乘車司機聽見肯尼這麼問，似乎正中他的下懷，於是用著專業的口吻說：「嗯，我認爲，你應該買像我車上的這個音響系統……」

沒想到司機話匣子一開便停不了，一路不僅介紹車上的音響，還詳細地介紹他家中的高級音響設施與選購過程等等，而肯尼也乖乖地坐在車上，靜靜地聽著司機約二十分鐘的吹噓。

司機一路講了許多專業術語，於是肯尼問他：「你買了那麼好的音響，但是你能把音量調得很大嗎？那不會影響鄰居嗎？」

只見司機驕傲地回答說：「我是個有水準的人，當然不會影響到鄰居們，我在屋裡做了很嚴密的隔音處理，如此一來，不管我的音響開得多大聲都不會影響到任何人。」

忽然，車子停了下來，原來目的地到達了。

就在這個時候，準備下車的肯尼問了司機一個問題：「我想問一下，你那套音響要多少錢？」

司機很大聲地說：「那不便宜喔！大約要一萬九千美元。」

肯尼又問：「哇，果真不便宜，那你打算花多久的時間租這車子呢？」

司機一聽，聲音忽然降低了下來，答道：「可能會一直開下去吧！我沒有錢投資買車，而且目前存的錢還不夠養老。」

翻開記帳本，仔細研究其中支出的明細，有多少人能微笑著說「我這個月沒有透支」或者「我不必再將存款轉帳給信用卡公

司」？

　　在現實生活中，確實有許多人都像故事中的司機一般，為了滿足虛榮心而過著奢華的享受。他們堅持著人生就是要即時行樂的態度，即使明知未來堪慮，但在慾望的誘引之下，仍然樂於當「月光」族的一員。

　　每個月的生活費都透支，你真的快樂嗎？

　　當信用卡又刷爆了，下個月的帳單又再累積了一筆無法支付的龐大數字時，有多少人不會發出懊悔聲？

　　生活不是只有一天，財富也不是每天都會累積，理財的目的與水庫儲水的意義一樣，都要有量入為出與儲蓄節省的觀念。懂得預留備胎的人，萬一遇到突發狀況或金融海嘯，才能安然渡過。

　　你不害怕自己的未來景象，只剩一間空房子和一部老舊的音響嗎？

　　人生是串連的，不只僅有當下，如果你過去沒有好好糾正自己的理財觀念，那麼不妨從現在重新開始。

　　如果你自知是個自制力不夠的人，那麼請把成堆的信用卡剪掉一些，把現金卡全部丟掉，然後每天約束自己的花費。

　　慢慢地你將發現，原來債務減少的感覺，不只是生活和心理的壓力減少而已，還看見了自己的未來，將是一派輕鬆地坐在搖椅上，安詳且快樂地享受生活的景象。

拋棄私心，就會樂於助人

當你的生活上保持著「助人為樂」的態度時，生活中，你自然也會獲得相同的「樂於助人」的互動。

出紕漏的時候，我們總是看見人們在推卸責任，緊急危難的時刻，我們也常看見人們的袖手旁觀。

其實，不必急著義憤填膺，仔細想想，當同樣事情發生在我們身上時，我們的反應或許也是一樣。

之所以如此，原因只有一個，因為我們的心頭有太多私慾的負擔，總是忘了「我為人人，人人為我」的互助精神。

如夢似幻的美麗山野裡，有一座非常茂密的森林，林中有成千上萬的飛禽走獸在生長。

春天來臨，樹梢嫩芽開始冒出，百花也紛紛綻放，鳥媽媽鳥爸爸正引領著孩子們學習飛翔，其他的動物們也紛紛走出洞穴，來到樹林間活動筋骨，這裡就像是個快樂天堂，到處洋溢著和諧與歡樂的氣氛。

有一天，森林忽然起火了，動物們倉皇地奔逃，山林間哀號聲四起，火舌也在瞬間席捲了整個森林。

忽然，有隻山雞全身溼透地跑回了火場。

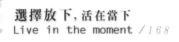

　　原來，牠為了報答這片長久棲息的叢林，便用身上的羽毛沾水，在火林與河水之間來來回回，希望能盡快把火澆熄，然而猛烈的火勢，怎麼有法子靠牠身上的那點水來熄滅呢？

　　眾神之一的帝釋天看到了這情景，便問：「山雞呀，你在做什麼？」

　　山雞氣喘吁吁地說：「我在救火！」

　　帝釋天看了看火勢，連忙勸牠：「算了，不要這麼笨了，以你微弱的力量，哪滅得了火？你還是先想法子逃生要緊啊！」

　　山雞憤怒地說：「不行！這是我生長的地方，我有無數的親友們都得靠這座森林活下去，既然我還有力氣，豈能袖手旁觀？我不能那樣自私，總之，能救多少就算多少！」

　　帝釋天聽了，相當不以為然地說：「喔？那依你的力量，你認為什麼時候能把火熄滅呢？」

　　「只要火勢未熄滅，即使到死為止也不放棄！」山雞毫不猶豫地回答。

　　帝釋天聽到這句話非常感動，不禁佩服山雞捨己為人的精神，在此同時，其他的天神也聽見了山雞的宏哲悲願，於是眾神便全力協助牠，將森林的大火熄滅了。

　　據說，這座森林因為有了山雞的守護，從此再也沒有發生火災，而且不管是哪一個季節，這裡永遠都是春天時的繁榮景象，一代傳著一代。

　　看了完故事，也許有人會覺得這則寓言很八股，因為故事中「愛人助人」的道理幾乎千篇一律，我們都知道這個道理，卻鮮少有人認真執行。

　　因為，再怎麼願意犧牲，多數人還是只為自己，不是嗎？

　　其實，隱含在故事中的主旨還有一個，那便是：「助人等於助己！」

　　當山雞努力地救人時，也獲得了帝釋天等眾神的援助，一個熱情助人的心意，不僅是救了大家，也救了山雞自己啊！

　　回到現實人間，其實道理相通，因為人與人之間的關係是主動連結的，而且人與人之間還會互相影響，當你保持著「助人為樂」的態度時，生活中，你自然也會獲得相同的「樂於助人」的互動。

PART 7

快樂工作是
醫治病痛的良藥

不妨先放下手上的工作，

仔細想想你要的是什麼，

只要你一想通了就別再猶豫。

用心，便能聽見幸福的聲音

用心地感受生活每一個時刻，無論面對著什麼樣
的現實，始終只看得見人生的幸福面。

哲學家歐里庇得斯曾說：「一天一天地活下去，不要求更多
的東西，從而得到生活的樸素精髓，這樣的人最快樂。」

用心生活，學會知足，我們便能得輕易地獲得滿足。滿足讓
我們懂得珍惜，學會了珍惜，我們便能隨時享受到生活的幸福。

在鄉下，有一對相依為命的夫妻，由於妻子耳朵聾了，無法
工作 賺取生活費，家裡的收入全靠丈夫一個人出去掙。

由於丈夫經常要輪班，工作時間無法像別人那樣固定，有時
是凌晨時分，有時則是深夜時刻；當先生回到家時，妻子經常是
熟睡的，再加上聽不見的耳朵，無論先生怎麼呼喊或敲門，妻子
也不知道要幫他開門。

於是，他們兩個人想出了一個方法。

每天晚上睡前，妻子都會將一條細繩子綁在她的手腕上，而
繩子的另一頭則垂到窗口外，如此一來，不管丈夫多晚回家，只
要在窗口輕輕地拉一拉繩子，妻子便會醒來為他開門。

這個像是按門鈴的溝通方式，很快地成了他們生活的一部份。

　　然而，再好的點子也會有缺點。因為，這個秘密的溝通方式被頑皮的孩子們發現了，只要他們發現她的丈夫還未回來，深夜一到，就都會來到窗口，故意地拉扯那條等待丈夫回家的繩子，為此婦人也醒來了一次又一次。

　　原本孩子們還以為婦人會因此而大怒，但婦人卻因為了這個惡作劇重溫了青春時期的幸福感受。

　　因為，每當孩子們在夜裡將她喚醒時，她發現：「沒想到在這不同時刻裡的夜，竟然有那麼多的變化，我好像又聽見了青春時期的風聲夜語。」

　　婦人一次又一次地醒來，也一次又一次地迎接了和風與月光，雖然有時會被忽然落下的大雨打溼，但是她總是微笑迎接。因為在這個時候，她再次地憶起了：「嗯，在那年這樣的風景裡，應該是那樣的聲音！」

　　因為耳朵聾了，婦人與丈夫之間的溝通多了一條線，那不是拉扯而是牽繫，雖然被頑皮的孩子們拿來開玩笑，但是卻一點也無損於婦人的知足。

　　因為，每一次線拉都充滿了甜蜜的期待，無論是迎接丈夫的夜歸，還是在細雨紛飛或夜風吹拂下的回味，對她來說，每一次線拉都是幸福的打擾。

　　在微風的吹拂下，你有什麼感受？

　　是像故事中的婦人一般憶起往日的幸福滋味，還是囚困於眼前的失意，忘了曾有過的幸福味道？

　　回到故事中，我們也看見了婦人享受幸福的方式，因為聽不見，所以她永遠也聽不見孩子們的嘲笑聲，更聽不見人們的是是

非非；因為聽不見，讓她更用心地感受生活每一個時刻。儘管眼前面臨著許多困境，但是她並不苦惱，反而能用更開闊的心情去面對。所以，無論她面對著什麼樣的現實，她始終只看得見人生的幸福面。

那麼，比婦人擁有還多、身體更健全的我們，為什麼不能學學婦人，隨時拋開生活的不如意呢？

幸福要靠我們自己找尋，只要能用心體會，減輕無謂的心靈負擔，我們隨時隨地都能聽見幸福的聲音！

如果你只有萬分之一的機會

因為「萬一」的情況不同，你可以有不同的選擇，但是無論情況如何，最終你都要忠於你的選擇，而且永不後悔！

教育家海倫凱勒曾經說：「也許人就是這樣，有了的東西不知道珍惜，沒有的東西卻又一味追求。」

生活原本就在擁有與失去之間循環，只是當人們失去時，是否能積極地爭取新的東西來填補，卻是因人而異了。

隔壁住著一對十分恩愛的夫妻，先生是位國中的體育老師，大家都叫他小林老師；他的妻子小雅則是小學的音樂老師，無論在社區中或是學園內，只要人們看見他們夫妻倆走在一起的身影，總是充滿羨慕地說：「你看，他們真是幸福！」

但是，人生似乎總避不開意外。

有一天，小林老師正在教導孩子們如何運用單槓活動時，雙手竟然沒有抓穩，當場從高高的單槓上墜落，更不幸的是，當他落地時，居然是頭部先著地，也因為頭部的撞擊，讓他從此再也沒醒來了。

緊急送醫後，醫生當場宣佈：「對不起，雖然他的性命保住了，但由於傷及腦部，從此恐怕都要躺在床上了。」

　　看著原本活力十足的丈夫，如今竟成了植物人，安靜無聲地躺在床上，小雅忍不住伏在床邊哭泣。

　　朋友們看了都心生不忍，紛紛安慰她說：「別太難過！無論如何，妳的日子總得繼續下去！」

　　小雅看著友人，點了點頭，隨即擦了擦眼角的淚，接著輕輕地呼喚著：「老公，你一定要醒來啊！」

　　深情的小雅辭去了工作後，從此寸步不離地守候在丈夫的身邊，她堅定地說：「我一定要等他醒來！」

　　只是，這一等便等了十年。

　　其間，醫生也曾對她說：「依林先生的情況，醒來的機會恐怕很小，妳要有心理準備。」

　　當然，更有親友這麼勸她：「小雅，妳別這麼傻啊！妳已經付出很多了，還是趁著年輕找個新的依靠吧！」

　　小雅一聽，用力地搖了搖頭，不悅地說：「你們別再說了，萬一他明天醒來呢？我們又料不準，不是嗎？」

　　聽見小雅這麼說，小雅的阿姨忍不住這麼回應：「是啊！妳都知道事情說不準了，那『萬一』沒醒過來呢？」

　　小雅生氣地說：「我不怕那個萬一，因為，別人是擁有九千九百九十九個幸福，害怕的是那萬分之一個不幸；而我卻是相反的情況，我已經失去了九千九百九十九個幸福，如今只能苦等那個『萬一』，我只求那萬分之一的幸福能早日降臨！」

　　朋友們知道勸不了她，只得陪著她的癡心，一同祈禱小林能早日醒來，然而這一等又過了十年。如今她還在等待著，看著她如此深情地守候著，親友們的心也深受感動。他們相信，終有一天，小雅會等到那萬分之一的幸福！

因為擁有得越多，所以我們越容易忽略當下的擁有，反觀故事中的小雅，因為失去了太多，所以她更加珍惜眼前，雖然未來不知能否達成她的期望，但是她知道：「如果我就這麼放棄了，一旦那『萬分之一的機會』發生，我一定會終生懊悔！」

　　現在，我們和小雅換個角色，如果你只有萬分之一的機會，你是否願意繼續爭取這微乎其微的機會呢？

　　人生的機會確實不多，死守著這樣未可預知的機會的確有些危險，但是，因為個人的需要不同，價值標準不同，失去時，有些人會把失去的東西積極爭取回來，也有人寧願放棄，重新找尋新的未來。

　　只是在這個容易產生矛盾的情況中，我們到底該怎麼選取，其中標準界線又在哪兒呢？

　　標準就在故事中：「因為『萬一』的情況不同，你可以有不同的選擇，但是無論情況如何，最終你都要忠於你的選擇，而且永不後悔！」

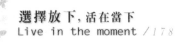

快樂工作是醫治病痛的良藥

不妨先放下手上的工作，仔細想想你要的是什麼，只要你一想通了就別再猶豫。

俄國作家車爾尼雪夫斯基曾經說過：「一切真正美好的東西，都是從奮鬥犧牲中獲得的，而美好的將來也要以同樣的方法來獲取。」

正在工作的你，有沒有一種充實快樂的感覺呢？

忙於工作的你，是不是充滿了煩躁的情緒呢？

不管你現在被哪一個情緒佔據，不妨先聽聽文學家果戈里怎麼說：「工作是醫治我病痛的重要良方，更是我快樂地享受人生的唯一方法。」

果戈里是俄國著名的劇作家，在成名之前，為了從事最愛的文學創作，他曾經寫了封信給母親。

他寫道：「看在上帝的面子上，請母親您為我高興吧！這份工作對我來說，是醫治一切病痛最有效，也是唯一的特效藥。在這個自然、安靜且從容的工作氣氛中，我將找到快樂的泉源！」

當母親看見兒子的這封信時，知道無法改變孩子的想法，只得答應讓他繼續實現他的夢想，因為對她來說：「只要看見他快

樂就好！」

　　勤奮的果戈里為了督促自己，堅持每天都練習寫作，他這麼說：「作家和畫家一樣，都要隨時帶著筆和紙，因為一個畫家如果虛度了一天，沒有畫下任何一張草稿，那麼他的筆終有一天要變鈍。」

　　「一個作家，如果一天沒有思考，並寫下任何一段文字，那麼他也同樣虛度了一天，也將失去了創作的動力。」果戈里堅定地說。

　　有後進問他：「如果，連一個字也想不出來的時候該怎辦？」

　　果戈里笑著說：「沒關係，你只要拿起筆，把『今天我不知道要寫什麼』一遍一遍地寫下去，一直寫到你覺得厭煩時，你自然就會想創作了。」

　　「What You Want？」

　　這是一部汽車廣告裡的主題，正巧可以拿來呼應果戈里孜孜不倦的工作熱情，因為他知道自己想要什麼，也因為他知道自己在做什麼，所以滿腔熱情地投入工作對他來說，不僅是人生的全部，也是他享受生活的重要方式，以及維持生命的重要補給。

　　看著果戈里快樂的工作，相信在許多人的臉上充滿了羨慕的神情吧！

　　那麼，你為什麼不快樂？

　　有人因為眼前的工作不是自己想要的，有人則因為每天抱著錯誤的態度工作，所以快樂不起來，是吧？

　　如果是因為選錯了目標，那麼不妨先放下手上的工作，仔細想想你真正要的究竟是什麼。

只要你一想通了，就別再遲疑猶豫，要像果戈里一般，積極地爭取你想要的。

如果是因為態度錯誤，那麼現在你也要先放下手上的工作，仔細想想，為什麼別人可以快樂地工作而你卻不能？

只要能找出問題所在，並重新調整好你的工作態度，你就能像果戈里一般，充分地享受工作的樂趣。

踏實，才能讓未來更加堅實

不論我們在什麼樣的領域中實現理想，根基一定
要踏實，而且還要對自己所踏出的每一個步伐負
責。

作家薩帕林娜提醒我們：「只有不斷地追求探索，永遠不滿
足於已經取得的成績的人，生活才是美好的，有價值的。」

人生不是追求吃喝玩樂的過程，而是自我價值的不斷提昇。

如果我們不懂得在自己專精的領域精益求精，而沉迷於物質
層次的享樂，那麼生活就會變成沉重的負擔。

做自己想做的事，我們更要堅持精益求精，因為精益求精不
僅能讓夢想更加堅實，還是我們成就完美人生的重要方法。

生活十分清苦的傑克倫敦，經常連寄送稿件的郵票錢都湊不
出來。雖然生活辛苦，但他仍然堅持自己的理想。為了不讓夢想
消失，他每天都努力地一字一句撰寫草稿。

他經常這麼告訴自己：「傑克，你絕不能放棄，絕對不能馬
虎，你一定要對自己的未來負責！」

一天要寫一千多字的他，一個星期便安排了六天的時間在堆
砌文字，留下來的一天，則是安排出外打工，以賺取基本生活費
用。雖然一天只有一千字，但是這一千字卻也經常讓他茶飯不思，

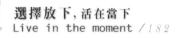

甚至還曾用了近二十個鐘頭的時間來孕育靈感。

所以，每當傑克倫敦將進度完成時，總是激動地說：「花再多時間也值得，因為這才是我想要的！」

曾經有個朋友不以為然地問他：「你為什麼要這麼辛苦地賺錢？每天交稿的字數那麼少怎麼行？其實你名聲那麼響亮，不論文章如何都一定會被刊登，每天再多寫幾千個字嘛！反正他們一定能接受，這樣一來，你不就能多賺點稿費了嗎？」

傑克倫敦一聽，很不高興地說：「不行，如果我只想著多賺點錢，就一定寫不出好東西。你要知道，好的作品不是隨隨便便就能從墨水瓶中流出來，好作品就像砌一面牆一樣，每塊磚都必須嚴選一番，如此才能建造出富麗且風雨不搖的房舍啊！」

《在與思想家對話》書中，有一段關於好文章的定義：「好的文章可以簡練到每個詞都能加重語氣！」

要如何達到這樣的境界？將目光回到傑克的身上，聽聽他的創作堅持，便會知道好文章之所以吸引人的原因。

從傑克倫敦的文字堅持中，你是否也看見了他的成功技巧？

方法無他，凡事精益求精就對了，因為不論我們在什麼樣的領域中實現理想，根基一定要踏實，而且還要對自己所踏出的每一個步伐負責，一如傑克倫敦在故事中給自己的勉勵：「要對自己的未來負責！」

因為堅持負責，也因為背負使命，所以傑克倫敦每次完成作品後，都要被自己筆下每一個充滿生命的文字感動。

換個角度，我們轉頭看看自己一路走來累積的，面對那些已經完成的事，在你心中是否也充滿了成就感？

真正的完美必須完整

> 學會犧牲，為多數人爭取利益，然後我們必定能
> 發現，當大家願意利益均享時，我們所得到的好
> 處更甚於單打獨鬥。

　　從藝術的眼光，我們可以這麼說，為大多數的人爭取利益，
反而更能獲得完整的利益，因為全體可以代表個體，但個體卻不
能代表全體。

　　換句話說，不強調突出個人，能執著於追求完整的人才能不
斷進步，並成就真正的完美與成功。

　　在巴黎市中心的一個交叉口上，有座法國文豪巴爾札克紀念
碑的塑像，這座塑像上的巴爾札克正昂著頭、披散著髮，並以嘲
笑和蔑視的目光注視著眼前的花花世界。

　　但是，這座莊嚴的塑像卻沒有雙手！

　　原來，這是雕塑家羅丹的作品，他為了表現出《人間喜劇》
的思想情感，為了表達出巴爾札克的內心全貌，極其認真地投入
巴爾札克的世界。

　　塑像進行之前，委託者要求他必須在十八個月內完成，並給
了他一萬法郎的定金，但是為了爭取更多的時間製作，他退回了
定金，並請求委託者再多給他一些創作時間。

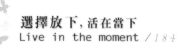

　　雖然羅丹創作十分嚴謹，但是他也不是個閉門造車的人，喜歡聆聽別人意見的他，經常在作品告一段時請朋友們來欣賞作品，並請他們提供意見。

　　這天深夜，羅丹終於將巴爾札克的塑像完成了，正獨自一人欣賞著這件曠日廢時的精心之作。

　　只見羅丹十分滿意地看著雙手疊合在胸前的巴爾札克，不久之後，忽然跳了起來，迫不急待地叫醒一名學生：「馬克，雕像已經完成了，你快來看看有什麼感覺？」

　　從睡夢中被喚醒的馬克揉了揉惺忪的雙眼，接著便仔細地看著巴爾札克，忽然間他眼之一亮，帶點激動地說：「老師，這實在太美了，我從來沒有見過如此生動的手啊！」

　　這是一句讚美的話沒錯，但是羅丹聽見這句話後的反應卻十分不自然，匆匆地跑出了工作室，又拖來了另兩名學生。

　　其中一位的讚美更誇張了：「這是一雙只有上帝才能創造出來的手，他們簡直像真的一樣！」

　　羅丹一聽，臉拉得更沉了，似乎很不滿意這個答案，這會兒他認真地看著另一位即將開口的學生。

　　「老師，你塑造出來的這雙手已足以讓您名傳千古了！」

　　羅丹聽見這個學生的讚美後，突然十分激動，只見他在屋內走來走去，並反覆地看著這尊雕像。

　　就在這個時候，他突然拿起了一把榔頭，狠狠地朝著那雙舉世無雙的完美之手敲了下去。

　　學生們被老師這個突如其來的舉動嚇到了，一時間全都呆住了，不知道要怎麼反應。

　　過了一會兒，才有學生開口問：「老師，您……」

　　只見羅丹微笑地說：「孩子們，這雙手很突出不是嗎？它們

已經有了自己的生命，不屬於這座雕像的一部份了！」

孩子們似乎還未聽懂，只見羅丹繼續說：「你們記住，一件真正完美的藝術品，只要任何部位一拆開，永遠都比不上整體的美。」

為什麼缺了雙手的巴爾札克雕像，在羅丹的眼中才是最完美的？完美的標準到底在哪裡？

完整，是指不突出任何單一部位；換句話說，當個人的成功不代表群體成就的時候，這樣的成功便不算成功，充其量只不過是個人表現罷了。

所以，成全完整是羅丹的完美標準，為了不讓雕像上的雙手成了雕像的唯一焦點，寧願犧牲個體以成全雕像的整體美。

看著完美雙手的破碎，我們更加明白了藝術大師塑像的真正目標：「我要的完美包含完整！」

這個寓意深刻的故事告訴我們，不必著急於獲取個人利益。學會犧牲，為多數人爭取利益，然後我們必定能發現，當大家願意利益均享時，我們所得到的好處更甚於單打獨鬥。

再跨一步，你就能看見新視野

不管眼前景況如何，都不是人生的盡頭，只要你
不放棄自己，積極前進，再跨一步就一定能看見
全新的人生視野。

展現精采人生的機會何其多，何必執著於失意的時刻？

人生的步伐不是只有三兩步，前進時如果出現了阻礙，我們
還可以大步跨越。

學會放下，別再停滯於當下的挫折，因為失意的步伐其實只
有一步，只是用來考驗一個人的堅強與勇氣。

只要能積極地跨出新的步伐，我們的人生除了快意之外，還
有快樂。

阿民失戀了，情緒低落的他竟心生自殺念頭。

「叮咚！」阿民打開門一看，是小離來找他。

小離一看見滿臉愁容的阿民，便說：「總歸一個『緣』字，
你就別想太多了，太過勉強的情感會帶來不幸。」

「我很愛她，我真的很愛她……」阿民失神落魄地說著。

小離看著癡情的阿民，嘆了口氣說：「我們出去走走啦！」

於是，小離拉著阿民出門，接著信步地走到遠處的一座公墓。

有點尷尬的小離與心情更加沉重的阿民，看見這個景象，兩

個人同時沉默了下來，因為他們不知道能說什麼。

忽然，小離指著遠方叫喊著：「阿民，你看！」

阿民循著小離的指引望去，是隻彩蝶！

小離興奮地說：「多麼美麗的彩蝶啊！你看，她就在那個墓碑上快樂地飛舞！好美！」

阿民似乎沒有聽見小離的呼叫聲，只是靜靜地望著彩蝶。

突然，阿民像是發現什麼似的，整個人猛地精神了起來，而且雙眼炯炯有神地看著前方。

因為他發現：「一邊是沉靜的死寂狀態，一邊是充滿律動的蓬勃生機。仔細想想，那個沉睡的生命生前一定比彩蝶偉大，但畢竟他已經死去，再也不能像彩蝶那般，享受人間的美好。」

阿民一想到這裡，雙眼睜得更大了：「是的，沒有好好地享受活著時候的美麗，實在是生命的一大缺憾啊！我怎麼那麼笨呢！」

小離看著阿民臉上莫名其妙地變化著，還以為他正痛苦地回憶起過往，忍不住安慰著他說：「既然你連死都不在乎了，又何必擔心活著的事呢？」

阿民看著小離，沒有多說什麼，只有簡單地笑了笑，點了點頭，接著又回頭欣賞那隻讓他決定要好好活下去的彩蝶。

在死沉墓碑與活力彩蝶的鮮明對比下，聰穎的阿民領悟出生命的珍貴，面對人生中的失意與失戀，你是否也曾像阿民一般，為了小小的失去而放棄與否定自己呢？

好好地活下去吧！當彩蝶在陽光下燦亮地展現生命活力時，我們確實也和阿民一樣，看見了生命的奇蹟和希望。

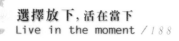

　　不論我們正處在什麼樣的環境，能活著就會一定會有許多機會。遇見失意的人，我們會說：「靜待苦盡甘來時！」

　　遇見失戀的人，我們總說：「下一個情人會更好！」

　　這些話看似安慰，其實是提醒人們該放下的時候就放下，凡事不可鑽牛角尖。

　　不管眼前景況如何，這都不是人生的盡頭，只要你不放棄自己，積極前進，再跨一步就一定能看見全新的人生視野。

投機取巧往往害人也害己

以阻斷別人財富的方式來成全自己，不僅有損於
商業競爭的公正性，一旦事跡敗露，還會讓自己
失去所有的機會。

競爭要講求正道，不能一味地只想投機取巧。

其實，追求財富有許多方法，第一條路不通，再找第二條路，只要我們不輕易放棄，一定能找到累積財富的正確方法。

如果你不願放下投機心理，只顧著追求自己的利益，毫不考慮別人，不但會使自己成為短視近利的人，而且總有一天會付出慘痛代價。

嵐山是京都非常著名的一個旅遊景點，在百花齊放的春分期間，居住在京都的有錢夫人或小姐們都會身著華服，來到這個山林中賞花。

這天，有個氣質優雅的女孩向一位農夫要求：「對不起，我能不能向您借用一下洗手間？」

農夫田中客氣地帶著女孩，朝向簡陋的廁所走去。

但是，當女孩一到廁所門口，臉上立即表現出難為的表情，因為這間廁所實在很髒。只見女孩紅著臉，微微地說了聲「謝謝」，接著便勉強地走進這間又舊又髒的小茅廁。

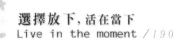
　　農夫看見這個情況，心頭忽然一震，便想出了一個點子。不久農夫就在廁所門口貼了一張告示：「借用一次三文錢。」

　　從此每到遊客如織的賞花季節，農夫出租廁所賺取的收入，竟比他當季的農作收入來得高，雖然他的管理情況很差，但因為是獨佔性市場，因此遊客們也只好忍臭如廁了。

　　松島先生發現農夫竟然以出借廁所致富，十分不以為然，憤憤不平地對妻子說：「那個田中竟然一轉眼就賺了那麼多錢，今年春季來臨前，我們也來蓋一間廁所出租，而且要賺得比田中還多！」

　　但是，妻子卻反對：「我們蓋了座新的廁所又如何？人家田中的廁所已經是老字號了，會去那裡的客人們都是些老主顧，我們很難搶啦！」

　　「哼，誰說我們搶不到田中的客人！妳看田中那個廁所，又骯髒又臭又簡陋，要不是他獨佔市場，我想客人們也不願意到他那兒了。我已經想好了新廁所的藍圖，我要蓋間和式的高級廁所，建材要用杉木，天花板則用可以除臭的香蒲草……」

　　松島先生滔滔不絕地說著，妻子卻越聽越遲疑地看著丈夫，當松島先生說完時，妻子便問：「那麼你要租多少錢？」

　　當下松島先生並沒有立即回答妻子的疑問，直到廁所修建好了之後，他便將廁所的告示牌擺放到入口處：「租用廁所八文錢！」

　　「一次八文錢？」

　　許多仕女們只看見這個告示牌便止步了，這時妻子走進了廁所，伸手敲了敲杉木柱子，接著有些埋怨地說：「你看，花了那麼多錢，結果呢？」

　　松島先生也有些惱怒：「別嘮叨啦！明天我到處走一走，保

證上門如廁的人會讓妳接應不暇。」

第二天，松島先生比平時都晚起，約莫十點鐘才出門。

他將飯盒掛在胸前，臉上竟出現了誓死如歸的精神，妻子一看，心想：「他到底想做什麼？」

這時，松島先生忽然轉身對妻子說：「孩子他娘，妳老是說我這輩子一點出息也沒有，我今天就要讓妳看看我的本領，今天只要我到旅客群中走一走，保證讓妳得忙的團團轉，記得啊！糞缸滿時，妳可以掛個暫停使用牌，請那個田中先生來幫幫妳啊！」

不久，有個女孩走了進來，接著往錢箱裡投入了八文錢，妻子吃驚地看著女孩：「我的丈夫什麼時候變成神仙啦？竟然有預知的能力？」

女孩走了之後，又走進了一對情侶。從那一刻起，松島太太每隔一個小時，便得暫停與清理廁所一次，直到傍晚，松島太太終於有時間休息了。接著，她開始點算今天的收入：「竟然賺了八貫啊！平時我們連二貫錢都賺不到呢！沒想到老頭子的點子真的實現了！」

開心的妻子立即出門買了好些酒菜，耐心地等著辛苦出去拉客人的松島先生回家。忽然，門外傳來人聲：「松島太太在嗎？」

松島太太一聽是田中先生，立即開門回應：「什麼事，田中先生？」

但是，未等田中先生回答，松島太太便驚呼出聲：「我丈夫怎麼了？」

「他可能待在田中先生家的廁所太久了，被臭氣薰死了！」另一個幫忙抬松島先生回來的鄰居說。

原來，松島先生出門後便直接到田中先生家的廁所，丟了三文錢後，就一直待在裡頭不肯出來。

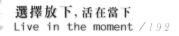

每當有人推門或敲門時，他便會咳個兩三聲，讓人們知道裡面還有人，到後來他連聲音都咳啞了。

傍晚時，田中先生發現廁所仍然鎖著，但敲門卻沒有回應，這才覺得有異狀，等撞破門時，便看見松島先生躺在廁所裡了。

見不得別人好的心態不但會影響人際關係，也會影響身心健康。一個只知道替自己著想的人，除了不受歡迎之外，也等於直接告訴別人，自己是個心智不成熟的人。

看完這個日本作家川端康成所寫的灰色喜劇般的故事，相信在發出對主角的訕笑中，我們心中都出現了這樣一個反省：「為了賺錢而用盡心機，最終還喪送了自己的性命，實在太笨了！」

回到現實生活中，相同的戲碼不也經常發生在我們身邊嗎？為了金錢財富而投機取巧的人不也處處可見？為了財富而走偏路的人不也屢見不鮮？

人生的機會很多，不要像松島先生一般，以阻斷別人財富的方式來成全自己，因為，那不僅有損於商業競爭的公正性，一旦事跡敗露，還會讓自己失去所有的機會。

懂得量力而為才能發揮實力

在這個勸說突破與超越自己的時代，我們經常忘
了量力而為的重要，生命的力量看似無限其實有
限，不能過度勉強自己。

你對自己的實力認知有多少？

其實，潛能並不是真的那麼神秘或未可預知，因為我們到底
有多少能耐，只有我們自己知道。

生活不應該有那樣多的比較與不滿，在羨慕別人的同時，我
們更要擔心自己找不到生命的最高點。

你知道自己的實力有多少嗎？你知道自己的極限在哪裡嗎？

在傳說的黑森林中，正聚集著許多大大小小的動物們，因為
他們將有一場比大的競賽。

忽然，大牛用力地踩著步伐走了上台，台下的動物們一看見
壯大的水牛，忍不住驚呼：「真大！」

緊接在大水牛後面的是一隻大象，當大象的腳步猛地踏在台
上，並發出一聲巨響時，台下的動物們立即大喊著：「大啊！」

然而，這時台下有一隻不服氣的青蛙突然躍上了台，說：「我
也能變大！」只見小青蛙開始拼了命地鼓起肚皮，並得意地問：
「我大吧！」

　　沒想到台下的動物們一點也不給牠面子，全異口同聲地嘲笑說：「哈哈，你一點也不大！」

　　青蛙一聽，十分不服氣，於是牠的肚子越鼓越用力，也越鼓越大。

　　忽然，從青蛙身上傳來「砰」的一聲，青蛙肚皮破裂了，可憐的青蛙就這麼死了，而且牠自始至終都不知道自己到底有多大。

　　從寓言故事中，憶起了一則故事，旨意十分相近。

　　有個登山高手終於找到機會攀登珠穆朗瑪峰，但是他最後卻沒有完成這個壯舉，因為在六千四百米的高度時他便已體力不支，停了下來。

　　有朋友惋惜地說：「真可惜，你應該多堅持一下，只要再一點點的高度就能到達頂峰了。」

　　但是，這位登山高手卻說：「不，我很清楚自己的能力有多少，我知道六千四百米已經是我登山紀錄裡的最高點，我一點也不覺得遺憾。」

　　在這個積極勸說突破與超越自己的時代，我們經常忘了量力而為的重要，生命的力量看似無限其實有限，我們不能過度地勉強自己。因為，最好的突破方式是：「今天我只能到此為止，接下來我會檢討今天的高點，並努力充實自己，下一次攀登，我的一定能突破至高點。」

藏在生命裡的共同記憶

曾經擁有過的幸福滋味，曾經共渡的歡樂時光，
全藏在我們的記憶深處，什麼時候才會被喚起、
念起？那得等到你不再汲營於眼前的生活之後。

　　我們和許多人有著共同的記憶，無論回憶是快樂還是悲傷，
它們都將永遠埋藏在我們生命裡，直到你不再困於生活的失意，
也看透了人生的悲喜，這些塵封的記憶才會重現。

　　已經都八十幾歲的爺爺和奶奶，同時出現了老年癡呆症的情
況，他們經常一起看著我們，卻又同時搞不清楚我們是誰。

　　像爺爺就經常指著小弟弟對奶奶說：「這個小孩到底是誰？
怎麼一直待在我身邊啊？」

　　過了一會兒工夫，他們兩個人好像又同時清醒了過來，甚至
開始說些只有他們知道的回憶。

　　你聽，奶奶現在正嘟著嘴說：「你啊，老頭子，那一年你送
給我的羊皮，我早就做成了這件棉襖，你看，我穿了這麼多年都
還像新的一樣！」

　　爺爺也不知道有沒有聽清楚奶奶說的話，但是，他仍然接口
說著：「還說呢！老太婆，那天早上，妳不是給了我兩顆梅果嗎？
我的天啊！我到現在還覺得牙很酸呢！」

每天，兩個老人家像似旁若無人似地，開心地重複著這幾句對白，雖然像在吵嘴，但是他們的表情卻相當幸福、祥和。

媽媽笑著向我們解釋道：「爺爺和奶奶他們還很年輕喔！他們不是老年癡呆，他們只是有些事情不想記得太清楚，現在爺爺和奶奶的記憶裡只有年輕時候的幸福景象囉！」

沒有人能理解兩位老人家的對話內容，只因那是藏在他們兩個人生命裡的共同記憶，記憶裡全是他們曾攜手走過的經歷，無論辛苦或甜蜜，箇中滋味只有他們知道。

看完兩個老人的甜蜜故事，你的心中是否也激起了不少感動漣漪呢？

曾經擁有過的幸福滋味，曾經共渡過的歡樂時光，全藏在我們的記憶深處，什麼時候才會被喚起、念起？

那得等到你不再汲營於眼前的生活之後。

因為，當我們嚐盡了人生的起伏與失落之後，才會懂得過去曾有過的幸福是那樣的珍貴。

也才會懂得，真正的溫暖幸福竟發生在我們人生大起大落的時刻。

不要被過多的期望牽絆

簡單果決地掌握住自己的需要，

並確實地將精神集中在一個目標上，

然後我們才能慢慢地讓心中

每一個夢想都達到高峰。

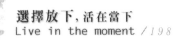
不違法理，堅持自己的原則

待人處世要能站穩腳跟，凡事更要謹守既定的法
理原則，才不會落人口實，也才能坦蕩前進，贏
得更多的支持。

不要用情感來做決定，「法理情」才是解決問題的最方法，
只要能站穩法理的基本規則，人性情感自然能得到呵護、關照。

因為，在關鍵時候還能堅持原則的人，多數能捉住問題的核
心，並能迅速將問題解決，這不僅是判斷一個人處事能力的重要
依據，更是發現其道德水準的重要根據。

美國前總統喬治‧布希是個謹守原則的人，只要他堅持一就
是一，沒有任何商量的餘地。

一九八一年，當時身為副總統的布希正準備飛往外地。

然而，就在出發不久後，他突然接到國務卿海格從華盛頓打
來的電話：「出事了，請你儘快返回華盛頓。」

緊接著又過了幾分鐘，傳來一封密電，竟是雷根總統中彈的
消息，同時也通知他，總統正在華盛頓大學醫院的手術室裡急救。

飛機立即調頭飛往華盛頓，在安德魯斯著陸前四十五分鐘，
機上的副官約翰‧馬西尼中校來到前艙，準備降落。

就在飛機緩緩下滑時，中校突然對副總統說：「如果我們按

照常規，在安德魯斯降落後得再換乘海軍陸戰隊的直升機，然後再飛到副總統住所附近的停機坪，接著才能駕車前往白宮。這恐怕要浪費許多時間，不如我們直接飛往白宮，您認為如何？」

布希聽完中校的報告與建議，考慮了一下，仍堅持按照常規行事。

中校聽見副總統仍然要依照原來行程，忍不住又提醒：「但我們到達時，市區正值交通高峰期，街道上的交通肯定會很擁擠，那恐怕會多耽誤十到十五分鐘的時間。」

沒想到，了解情況後的布希，仍然堅持著：「也許會這樣，但我們仍然必須堅守規則。」

馬西尼中校點了點頭說：「是的，先生。」

布希發現馬西尼中校似乎困惑不解，於是他解釋說：「約翰中校，只有總統才能在白宮的南草坪上著陸啊！」

原來，身為副手的布希堅持著這麼一條原則：「美國只有一個總統，而副總統不是總統。」

而中校也聽明白了，原來布希堅持的，是總統與副總統之間的互信基礎與相互尊重的禮儀，這也正是布希成功的重要原因。

堅持不等於固執，而「堅持原則」最重要的意義，就像布希副總統表現出來的：「絕不踰越法理常規，更不能為了打破常規而找尋藉口，凡事都要合乎法理，即使情況再特殊，我們都應謹守自己的本份。」

看著布希副總統的堅持，相信有許多人看了都不禁要感到慚愧吧！

反省自己，一件件為了飽足私利的投機取巧行為，一個個為

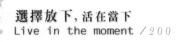
了鑽漏洞所推出的藉口，然後我們也發現了，一次又一次地挫敗的事實，從中我們也再次領悟了「凡事要問心無愧，謹守本分」的重要性。

從故事中，我們再次想起了長輩們耳提面命的：「待人處世要能站穩腳跟，凡事更要謹守既定的法理原則，如此一來，我們才不會落人口實，也才能坦蕩前進，贏得更多的支持。」

減輕心靈負擔，才能享受人生

> 不要索求太多東西，因為我們擁有的已經夠多
> 了，只要你能充分應用，即使只有一根木棒也能
> 讓我們創造不朽的將來。

歐洲有句諺語說：「一切都抓住，一切都失去。」

其實，在日常生活，不應該追求一切物質的享樂，應該只追求心靈的快樂，也就是說我們必須勇敢地拋掉一些生活上不必要的負擔，才能真正享受屬於自己的美麗人生。

生活越簡單，我們受困於慾望的機會便會越少；生活越簡樸，我們受制於慾望的羈絆便會越少。

只要我們不再被物慾所牽制，便能理出更多的時間和精力來實現夢想。

法布爾是法國著名的昆蟲學家，竭盡一生揭開了昆蟲世界的奧秘，也留下了《昆蟲記》這本不朽的著作。

有一天，科學家巴斯德來到阿維尼爾找法布爾，因為他知道，要找昆蟲專家，法布爾無疑是最佳人選。

法布爾見這位著名的科學家到訪，立即熱情地招待他。

一番暢談之後，巴斯德忽然在準備離去前，向法布爾說：「能不能讓我看看你們家的酒窖？」

　　法布爾是個窮困的教師，哪裡會有私人酒窖呢？

　　但是，巴斯德卻一再地要求：「請讓我看看您家的酒窖怎麼維護的！」

　　最後，法布爾敵不過巴斯德的好奇，只好指一指廚房角落裡的酒罈子，說：「先生，這就是我的酒窖！」

　　巴斯德一看，驚訝地看了法布爾後便匆匆離去。

　　一八六九年的秋天，有一天法布爾來到實驗室裡忙碌，忽然有個客人闖了進來，他只得伸著一雙被染得血紅的手上前接待：「原來是底律伊，你好！很抱歉，我竟穿著這樣簡陋的衣服接待你！真對不起，我雙手都染紅了，無法和你握手！」

　　親切的教育長底律伊看見法布爾如此緊張，便溫和地安慰他：「沒關係，我是故意挑這個時間來看你的，你在做什麼呢？」

　　法布爾簡單地說明他的工作項目後，又馬上做這項實驗給教育長看。底律伊仔細地看著法布爾的實驗，不時地點了點頭。實驗結束後，他立即問法布爾：「你有沒有缺什麼東西呢？」

　　法布爾說：「我什麼都不缺！這裡什麼都有，我只是做些小實驗，這些設備就已經足夠了。」

　　底律伊看著破舊且簡陋的實驗室，吃驚地問：「真的夠了嗎？每當別人聽見我的詢問，他們幾乎全都要求換新器材，即使他們的設備已經十分完善了。我看你的實驗室如此寒酸，你卻說已經夠了，你真的什麼都不需要嗎？千萬別客氣啊！」

　　聽見底律伊如此關心，法布爾也不好意思拒絕，於是幽默地回應：「長官，如果你一定要提供我東西，那麼我很願意要一件東西，請你告訴巴黎動物園裡的管理人員，如果那裡有魚死了，請他們將魚送來給我，好讓我將它製成標本。然後我會將它掛到牆壁上，我想，有了這個裝飾品之後，這間實驗室就會像樣多

了！」

底律伊一聽，忍不住大笑說：「我知道你想要什麼了！」

法國作家巴爾札克曾說：「追求心靈享受的人，應該是行李越輕越好。」

的確，如果追求過多，並且斤斤計較得失與否，就會讓自己的「心靈行李」越沈重，也就越會讓自己舉步維艱，陷入痛苦的深淵。

當巴斯德看見法布爾寒酸的酒窖後，我們是不是驚覺自己也曾犯相同的錯誤？因為習慣了以貌取人的態度，讓我們總是錯誤地評斷眼前的高人；也因為受限於外表的觀感，我們總是讓自己掉入了虛浮的包裝假象中，忘了內在究竟充實與否。

「或許我什麼都缺，但也什麼都不需要！」

這是法布爾在故事傳遞出來訊息，在帶著生活禪思的氣氛中，我們似乎也有所領悟，或者我們可以這麼說，因為人們的慾望難以滿足，無論我們怎麼補充所需，也無法得到真正的滿足。

法布爾將他簡樸的生活方式呈現出來，並在堅持這樣的生活方式中提醒我們：我們沒有辦法滿足每一個慾望，因為滿足了一樣，下一個慾望便會出現，引誘我們繼續追求。

放下就會幸福，不要索求太多東西，因為我們擁有的已經夠多了，只要你能充分應用，即使只有一根木棒也能讓我們創造不朽的將來。

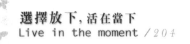
不要被過多的期望牽絆

簡單果決地掌握住自己的需要，並確實地將精神
集中在一個目標上，然後我們才能慢慢地讓心中
每一個夢想都達到高峰。

俄國作家克雷洛夫曾說：「有天分而不持續運用，天分一定
會消退。如果你不掌握向前邁進的速度，那麼你將在慢性的腐朽
中逐漸衰滅。」

不懂得克制慾望不可能成功，想有一番成就，必須全神貫注
朝著自己的夢想移動，努力再努力。

希望能成就大事的人，不能太過隨心所欲，對於過多的慾望
我們不僅要克制，更要懂得果斷割捨。

如此一來，我們才能真正地主宰自己的心靈，也才能明確地
看見並掌握自己的未來方向。

有個好勝心極強的年輕人，為了成為最有學問的專家，也為
了能超越身邊的同儕，因而相當努力。

非常勤奮的他，各方面的表現都非常出眾，唯獨學業成績始
終都不見突破，為此苦惱不已的他，在朋友介紹下，決定去向一
位大學問家求救。

當大師聽完年輕人的苦惱後，說道：「你和我一塊兒去登山

吧！當你到達山頂後，就知道該怎麼做了！」

走在山林間，年輕人發現沿途有許多晶瑩剔透的小石子，十分美麗，大師見他喜愛，便對他說：「孩子，喜歡的話就撿起來吧！」

只見年輕人撿起了石頭，放進他身後的袋子裡，由於他一路地撿拾，幾乎每顆石頭都想佔有，很快地，背包越來越沉重。

年輕人忍不住發牢騷說：「大師，我實在走不動了，因為我的背包越來越重，再這樣下去，別說是山頂，我恐怕連半山腰都到不了啊！」

大師笑著看著他，淡淡地回答說：「嗯，的確辛苦，那你該怎麼辦呢？」

年輕人想了想，喃喃地說：「要放下嗎？」

大師看著年輕人不捨地望著背包裡的石頭，又問：「為何不放下呢？背著石頭怎麼登山呢？」

年輕人聽見大師這麼問著，心中忽然一亮，抬起頭，認真地看了大師一眼，接著他行了一個大禮，並向大師說：「謝謝，我明白了！」

然後，年輕人放下了背包，轉身往山下走去。

從此，年輕人不再心有旁騖，一心只專注於「學問」的方向上，當然他自許成為「學問淵博」的學者目標，很快地就達成了。

歌德曾經這麼說：「遊戲人生的人必定一事無成，無法主宰自己的人，永遠只能當個奴隸。」

現實生活中，人們之所以經常失敗，最重要的原因是：「不懂得掌握自己，以及無法果斷地下決定有關。」

　　看著故事中的年輕人，我們不妨也反省自己，是不是經常在做決定時三心兩意，或是在往前奔跑時，貪心地選定了許多夢想目標，並且充滿龐大的慾望，企圖全部達成呢？

　　每個人的能力都是有限的，當年輕人將美麗的小石子一顆又一顆地塞入背包時，我們也預見了他將被過多負載拖累的景象。

　　學會放下，才能活在當下；學會部份捨棄，然後我們才能完整得到，這是人生的禪思，也是生活的常識。簡單果決地掌握住自己的需要，並確實地將精神集中在一個目標上，然後我們才能慢慢地讓心中每一個夢想都達到高峰。

對生命負責的人，對生活必有堅持

「活在當下」的意義，其實不只有今天而已，只要我們能把握住「當下」，那麼我們便已同時掌握住了昨日、今天與明天。

你還在汲汲營營於物質層次的報酬，讓自己的心靈滿是負擔嗎？記住科學家愛因斯坦說過的話：「有不少人不追求那些物質的東西，他們追求理想和真理，從而得到內心的自由和安寧。」

改變生活態度，便能改變一個人的命運。

在人生的道路上，每個人都很努力地打造著成功的鐵鏈，問題是，因為每個人面對生命的態度不同，所以也因為每個人承受艱難的耐力不同，最終打造出來的成功之鏈，究竟是條易碎的玻璃鏈，還是堅實耐操的鐵鏈，就有待時間的考驗了。

有個老鐵匠所打造的鐵鏈相當牢固，雖然他自製的產品十分精良，然而個性木訥的他，卻因為不善言詞，以致於鐵鏈的銷售量一直都很差，收入勉強足夠餬口而已。

有人曾建議他偷工減料：「老鐵匠，你用的材料那樣紮實，售價又那麼便宜，根本不敷成本啦！」

老鐵匠聽見人們這麼好心建議，一點也不以為意，只是笑笑地回答說：「沒有關係啦！」

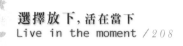
老鐵匠沒管那麼多，仍然堅持將鐵鏈打得結結實實地。

有一次，船商請他打了一條輪船用的巨鏈，好讓他們裝在新造好的海輪上，做為這艘船的主錨鏈。

有天晚上，颶風來襲，海上風暴驟起，風急浪高，輪船在大浪裡載浮載沉，隨時都有可能撞上礁石，船長見情況危急，為了安穩船身，於是立即將船上所有的錨鏈全部放下。

但是，沒想到其中有許多鐵鏈就像木頭做的一樣，一點用處也沒有，當大浪用力地甩動了幾下，那些鐵鏈竟幾乎全都被甩斷了。

忽然，船長想起了老鐵匠精心打造的鐵鏈，立即命令水手們趕緊將主錨鏈拋下海去。

一夜過去了，船上一千多名乘客與各種貨物，總算安全部安然地渡過了這場風暴，而護守他們渡過這個難關的，正是那唯一的一條，那個由老鐵匠親手打造的堅如磐石的鐵鏈。

靠著這只巨手般的鐵鏈，他們熬過了一夜的風浪，等到了黎明，當朝陽初升時，全船的人都忍不住熱淚盈眶，歡騰不已……

看著鐵匠對於鐵鍊品質的堅持，我們也看見了一個人，對於自己生命的認真態度，與對小我乃至於大我的責任堅持。

反觀，社會中分別扮演著不角色的你我，對於社會責任的認知，與個人利益需求之時的取捨態度，有多少人能像故事中的老鐵匠一般，自始至終都有著堅強的執著，有著對於人生負責的堅持呢？

不要因為慾念而敷衍了事，因為堅持負責的態度，不論未來怎麼發展，最終我們都將收到甜美的結果，只要多一份認真執著，最終我們都獲得完美人生的肯定與支持。

守株待兔只會讓生命空轉

> 不管厄運或幸運，始終都不會太長久，因為在循
> 環不已的生命過程中，最終操控你我未來的人，
> 一直都是我們自己。

　　一個習慣守株待兔的人，當然無法品嚐到豐收時的真正滋味，只想坐享其成、不勞而獲的人，永遠也等不到成功的結果。

　　我們要謹守踏實的生活態度，就像趨勢大師梭羅曾說的：「成功者不會守株待兔，他們會從前人的生敗與成功過程中，積極地獲取經驗，用以提升自己的成功機率。」

　　有位探險家在森林中看到一位老農夫，正坐在樹下輕鬆地抽著煙斗。

　　探險家看著神情相當愜意的老農夫，忍不住向他打聲招呼：「您好啊，請問您在做什麼呢？」

　　這位老農夫大聲地回答：「喔，沒什麼，我正在等待奇蹟發生！」

　　探險家一聽，連忙追問道：「奇蹟？您怎麼知道會有奇蹟？」

　　農夫笑著說：「我當然知道了，你知道嗎？我有一次正要砍樹時，竟忽然颳起了一陣強風，那陣強風把樹上的葉子和一些脆弱的樹枝颳落，那可省了我不少砍樹的力氣呢！」

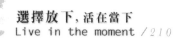

探險家驚嘆地說：「您真是幸運！」

農夫笑了笑，接著又得意地舉證：「你說得沒錯，我真的很幸運，因為還有一次，就在我準備要將乾草點燃焚燒之時，暴風雨中的閃電竟然正好擊中了乾草堆呢！」

探險家再又驚奇地說：「真是奇蹟！」

接著他又問：「那您現在準備做什麼呢？」

只見農夫一派輕鬆地回答：「我正在等待一場地震！」

探險家一聽，吃驚地問：「地震？」

農夫一副理所當然地回答：「當然是地震啊！不然，馬鈴薯怎麼從地底自動翻出來呢？」

看著老農夫連連驚呼奇蹟之時，也許有人會為他感到擔心，擔心他恐將慢慢地失去求生的鬥志與能力，因為從「只想等待」的工作態度中，我們也發現了日漸增長的生活惰性，與慢慢消失的積極活力。

更何況，當地震發生時，說不定不僅沒將馬鈴薯輕輕翻轉出來，反而是一個大翻轉，將農夫的生命從此覆蓋了啊！

或許，每個人都有相同比例的命運和機會，但我們可以肯定一件事，那便是不管厄運或幸運的發展，始終都不會太長久，因為在這個循環不已的生命過程中，最終操控你我未來的人，一直都是我們自己。

學會享受生活，別太斤斤計較

不斤斤計較付出與得到的人，因為比別人更懂得
生活的滿足，他們更能享受生活的快樂，並獲得
成功。

總是盲目地追逐物質或金錢中的人，都以為必須從這些物質
財富中才能享受真正的人生，但是，我們卻也經常發現，急於追
求這些東西的人，生活似乎經常未如預期。

快樂的秘訣就是做好自己該做的事，不自尋苦惱，也不替別
人增添困擾。只要懂得改正輕忽怠惰的惡習，做好每個細節，生
活就會更加充實自在。

農場主人一大早就出門了，要去找幾位葡萄園工人。

來到街道上，他與幾個工人們談好一天一個金幣的工資後，
便請工人們到葡萄園去工作。

第一批工人工作了三個小時後，農場主人又出門了，然而當
他看見街上有幾個人無事可做的模樣，便好心地上前詢問：「你
們要不要到我的葡萄園工作？一天我會付你們一個金幣！」

這幾個人一聽點了點頭，便立即前往葡萄園去。

接下來，每隔三個小時，農場主人分別又找了兩批工人到園
區幫忙，薪資同樣是「一天一個金幣」。

就在傍晚時分，農場主人再次出門去了，又找了一批無事可做的人回到葡萄園工作。

只見葡萄園裡的工人們忙進忙出，非常熱鬧，而且每個人都相當開心地工作著，直到休息時間到了。

晚上，農場主人對管家說：「你可以去叫工人們休息了，並將工資發放給他們，你從最後加入的工人發到最先開工的人。」

就在這個時候，第一批工人發現最後才加入的工人，竟然與自己拿了相同的工資，臉上出現相當不悅的神情。

第一批工人一拿到錢時，便立即提出抗議：「那些人才工作一個小時而已，你怎麼能把他們與我們辛苦一整天的人同等看待呢？這很不公平耶！」

農場主人一聽，微笑地說：「朋友，我並沒失信，也沒有虧待你啊！我們一開始便說好一天一個金幣，不是嗎？為什麼你不肯拿走你『應得』的東西呢？至於我付給其他人多少工資，那是我和他們的協定，我只是在履行我的承諾而已，有什麼不對呢？」

面對目前的工作，你開心嗎？

不開心的話，是因為什麼原因呢？

看完了故事，我們何不靜下心想想，面對眼前的生活與工作，我們心中的不滿情緒到底是因為什麼？是像故事中的第一批工人一般，感覺待遇不合理而心生不悅嗎？

其實，農場主人之所以在不同時段分別找了幾批工人，目的是為了讓那些還在等待工作的人都有收入，儘管支付酬勞的方式不合情理，但出發點並無可議之處。深入探究，我們更可以知道，農場主人是個宅心仁厚的人，他真正需要的工人數目，恐怕只是

第一批，但為了照顧那些還在等待工作的工人，才會每隔三個小時上街頭一次。

在這種情況下，從第一批工人到最後一批工人，每個人都擁有著一個最重要的共通利益，那就是他們都是從「無工作」到「有工作」，如果農場主人沒有請他們幫忙，第一批以後的工人恐怕要街上虛渡一天。

看著第一批工人計較著與最後一批工人收入相同的不平，我們是否也該反省自己是不是不懂得以更寬闊的視野看世界？

別再抱怨了，現實生活中經常是付出多而收入少的成功者，不斤斤計較付出與得到的人，因為比別人更懂得生活的滿足，因此，他們更能享受生活的快樂，並獲得成功。

生命活力是我們最大的財富

只要我們的生命力還在，只要能極積生活，我們
這對具有創造力的雙手，一定能為我們爭取到夢
想的財富。

所謂「留得青山在，不怕沒柴燒」，生命是人類最大的生活
資本，像是具有創造財富的雙手，像活力四射的蓬勃生命力。

只要生命機器仍能運轉，也仍然能有積極的作為，那麼最終
結算時，累積的利潤必定會超出預期。

有個整天眉頭深鎖的年輕人，一直抱怨自己運氣不濟，老是
發不了財。

有一天他遇見了一位滿頭白髮的老人，老人家一看見年輕人，
一副垂頭喪氣的模樣，關心地問：「年輕人，為什麼不開心呢？」

年輕人發現有人關心，立即牢騷大發，對老人說：「唉，我
真不明白，為什麼我這麼窮？」

老人家一聽，竟笑著說：「呵，有嗎？你窮嗎？我認為你很
富有啊！」

年輕人聽見老人這麼，滿臉不高興趣質問：「我哪裡富有？」

老人家笑著問：「這樣吧，如果你願意砍下一根手指頭，我
就給你一千元，但你願意嗎？」

年輕人吃驚地看著老人家，接著說：「當然不要了！」

老人家接著又問：「喔，那如果你現在可以立即變成八十歲的老人，並得到一百萬元，你願意嗎？」

年輕人用力地搖了搖頭，說：「當然不願意了！」

「是嗎？那如果有人願意出一千萬，換你的一條性命，你願不願意交換呢？」老人家又問。

年輕人一聽，滿臉不悅地說：「這怎麼可能願意！」

老人聽完年輕人的反駁，便笑著說：「這不就對了，將以上錢財累計一下，你可是擁有了一千萬以上的財富啊，年輕人！」

年輕人聽見老人家的這番話似有所悟，因為他微微地笑了。

年輕人一再抱怨「為什麼我這麼窮」這個句話，相信許多自認失意的人都曾拿來仰天質問吧！只是怎麼樣才算貧窮呢？是口袋裡沒錢才算貧窮，還是精神困乏才是生活上的貧窮指標呢？

故事中，老人家引導著年輕人，重新整理並糾正他對貧窮所下的定義，然後我們也從中思辨自己對於個人財富的偏執認知，明白「自己」的價值是金錢萬萬不及的。

萬事萬物其實全環繞著我們「自己」，我們應該以自己為中心軸，讓我們的生命活力無限伸展，然後我們才能將自己以外的財富或珍寶，全部帶入我們的世界中。

擁有生命，才是擁有財富的起點。

一千萬存入你的帳戶裡，然後換你一條命，你願不願意？

千萬要記住，只要我們的生命力還在，「一無所有」四個字就不屬於我們，只要能改變心態極積生活，我們這對具有創造力的雙手，一定能為我們爭取到夢想的財富。

機會總是出現在最容易被忽略的角落

生活不是由一件又一件的大事所組成，由一件件
看似微不足道的小事慢慢堆築而成，看似繁瑣其
實條理分明。

我們經常忽略生活中許多細微且瑣碎的事，正因為我們的輕
忽，而讓隱身於細瑣雜事中的機會，一次又一次地與我們擦身而
過。其實，每個人擁有的絕佳機會並不多，因此我們經常得藉由
那些無關緊要的小橋，一步步地通往成功的彼岸。

所以，別再輕易地略過身邊的微小事物，因為在那之中，有
許多都是我們嫁接成功的重要枝幹。

小蘭是一所大學裡的校花，追求她的人接踵而至，多到難以
計數。因她為經常出現在圖書館，因此，有越來越多的男同學固
守在圖書館內，等待她的芳蹤。

夏日的一個午後，小蘭正端坐在閱覽室裡安靜看書。

忽然一個驚雷聲響，小蘭心想：「糟了，快下雨了！」

沒有帶雨具的她，擔心再晚一點，雨勢恐怕會變大，便無法
回家了，於是急急忙忙收拾好書籍，奔跑到門口。

就在她來到圖書館門口時，一陣雷鳴再又響起，緊接著雨開
始落下，而且在她踏出門口前，雨勢忽然變大了起來。

　　這突如其來的大雨，讓所有學生全都困在門口，動彈不得。

　　忽然有個人衝進了雨中，在一群人的驚嘆聲中，這個身影竟又渾身溼透地折了回來，懷中多抱了一件雨衣。男孩抖著身子，逕自走向小蘭的面前，並爲將雨衣披上她的肩。

　　幾年後，小蘭決定嫁給這個傻小子，人們看著這個平凡相貌且背景清寒的男子，都忍不住嘆息著：「她怎麼選擇他呢？」

　　小蘭聽見人們的質疑時，微笑地說：「試想，一個肯爲我淋雨，並爲我尋找雨衣來保護我的人，一定懂得愛我，就這一點便值得我託付終生了。」

　　當小蘭說出這段話後，不少仍癡心愛慕她的男子，無不頓足，他們很懊悔當年怎麼沒有料想到這一點，輕易地錯失了佳人。

　　看著故事中捶胸頓足的懊悔者，看著緊握機會而成功擁抱佳人歸的男子，我們再次從小事例中證明，機會總是出現在別人最容易忽略的時候，而成功者也總是在人們意料之外嶄露頭角。

　　進入我們急於成就的未來與理想，我們也赫然發現，許多成功者不正是抓緊了你我所沒有發現的暗處機會，也在我們對他們表現仍抱著嗤之以鼻的態度時，紮紮實實地綻放成功光芒？

　　生活不是由一件又一件的大事所組成，人生也不是在一個又一個的大浪中高漲，我們的過去與未來，是由一件件看似微不足道的小事慢慢堆築而成，看似繁瑣其實條理分明。

　　何不學學故事中擄獲佳人心的男子，學會辨識躲在角落的機會，用心地經營每一個平淡無奇的絕佳契機。

不要用破壞的
方式追求滿足

不必禪悟佛說，

每個人都懂得什麼是犧牲的真諦，

只要我們知道什麼叫做愛，

知道該怎麼表現心中的無私大愛。

分秒必爭，因為時間無法倒轉

能夠充分地利用、珍惜一分一秒的人，每一個跨
出的步伐，絕對都會是成功的！

　　七十五歲那年，德國詩人作家歌德寫下：「我這一生確實很
辛苦，即使到了今天，我仍然不知道什麼叫好日子，因為，每當
我看見山上的石頭，不斷地，不斷地滾到我的面前，那迫使我必
須永無止盡地將石頭往上推，總之，我必須分秒必爭！」

　　歌德知道時間是無法倒轉的，因而以積極進取的態度善用時
間，努力寫作，終於成為一代文豪。

　　據說，大文豪歌德共花了六十年的時間完成《浮士德》一書，
就在完成這部經典鉅著之時，溫克爾曼曾問他：「歌德，你能不
能用一兩句話，來概括全書的主旨呢？」

　　歌德沉默了兩秒，接著回答：「自強不息者終能得救！」

　　這句話是當浮士德靈魂升天時，天使傳來的話語。

　　非常珍惜時間的歌德，有一次對於兒子所引用的一句時間觀
念十分不苟同，狠狠地教訓了孩子一頓。

　　他的兒子是這麼說的：「有人說，人生只有兩分半的時間，
一分鐘微笑，一分鐘嘆息，半分鐘愛戀，而人們最終將在這愛戀

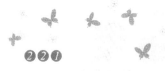
的時刻裡死去。」

　　歌德聽見兒子引用這樣的字句後，十分不悅，因爲他認爲，這段話所傳遞出來的人生態度非常不嚴謹。

　　於是，他寫了一段文字給兒子：「孩子，一個鐘頭約有六十分鐘，所以，一天便超過了一千分鐘，明白這個道理之後，你便可以知道，一個人能對這個世界做出多少貢獻了。」

　　正因爲這樣的時間觀念，讓歌德分秒必爭地工作著，直到八十四歲那年，臨死之前，仍然伏在案上寫作。

　　歌德曾語重心長地對他的兒子說：「孩子，你要牢牢地抓住現實生活，堅持不懈啊！無論什麼情況，無論時間多寡，生命都有著無限的價值，更是永恒世界的代表。」

　　能有效地管理時間，我們才能充分地運用極其有限的時間，不致於浪費了一分一秒。

　　就像我們都知道的，時間之輪不斷地往前轉動，然而時針與分針的挪移不是非常明顯，經常讓我們有心忽略或懶得理睬，以致於我們經常不在意，秒針積極地往前推移的微妙動作！

　　有一位成功的投資專家曾說：「每天比別人早起二個小時，我就比別人多了二個小時可運用。」

　　聽完專家如此自我鞭策時，仍然抱著「睡到自然醒」的人，不知道有沒有被刺激，並開始自我反省？

　　成功與時間是共生的，兩者相輔相成，不知道如何有效率地利用時間的人，成功機率自然很低。

　　反之，能夠放下腦中的雜思，充分地利用、珍惜一分一秒的人，每一個跨出的步伐，絕對都會是成功的！

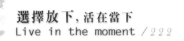
真誠的謝意就是最好的回報

懂得什麼才叫無價的人，必定能看見隱藏的誠摯
心意，從中享受到生活上真正的快樂與滿足。

　　無論是得到別人的幫助，還是我們伸手助人，在互助的交往過程中所激起的火花，會是暗淡無光，還是燦亮無比，全看我們用什麼樣的角度看待，又用什麼樣的心態去行動啊！

　　有位樂善好施的醫生，今年來到了一個極其偏遠的村落行醫。

　　在這個多數是貧苦人家的小村莊，醫生努力地幫深受病痛之苦的村民醫治，而且分毫未取。

　　其中，有位感恩圖報的村民，為了感謝醫生的善行，花了三天時間的路程，將一捆柴挑到城裡，送給這位善良的醫師。

　　他激動地對醫生說：「先生，謝謝您救了我的親人，這些柴大約有一個月的量，不夠時我會再送來，謝謝您！」

　　醫生看見地上的大捆柴，笑著說：「好，謝謝你，不過，你以後別再送任何東西來了，因為很多東西我是用不到的！」

　　村民告辭之後，有個同事忍不住笑著說：「那傢伙真是個鄉巴佬，我們城裡哪用得著這些東西，真是白費工了。」

　　醫生正感動地看著那一大捆乾柴時，竟聽見友人如此嘲諷，

搖了搖頭，說：「他沒有白費！」

醫生說：「這是我行醫的生涯中，所收到最珍貴的禮物！」

醫生泛著淚光，再對友人說：「捆在柴裡的誠意是無價的，那將是我人生中第一筆新添的無價財富。」

生活中最珍貴的東西，從來都不是金錢或物質，因為這些可以評估辨識的物件，無論它的價格多高，始終都會有定數，這些東西與故事中醫生所收到的「感謝心意」是無法比擬的。

在一報還一報的人際規則裡，不應該抱著「還完了事」的態度，而是要有真情待人的感恩心。

畢竟，當人們也以一種「還完了事」的態度時，我們不僅感受不到對方感謝的誠意，更會因為金錢或物質的回報，讓原本蘊涵在交流過程中的情感，慢慢地逝去。

所謂「千里送鵝毛，禮輕情義重」，一捆柴看起來也許寒酸微薄，然而就像故事中的醫生，懂得什麼才叫無價的人，必定能看見隱藏於木柴裡的誠摯心意，從中享受到生活上真正的快樂與滿足。

不要用破壞的方式追求滿足

不必禪悟佛說，每個人都懂得什麼是犧牲的真諦，只要我們知道什麼叫做愛，知道該怎麼表現心中的無私大愛。

也許因為人類太過聰明了，以致於我們經常用破壞的方式來滿足自己，更忘了與我們身邊息息相關的一切和平共處。

當臭氧層越破越大，當地球溫室效應越來越劇，當人們越來越無法適應環境時，我們是否應該認真思考，放下心頭沈重的慾念，從萬物仍然努力執行的自然定律中，重建我們的生活態度呢？

「象腳花瓶」出自於一個世界著名的獵人之手。

那年，這個獵人來到象群們必經的原野上狩獵，當時他看見了一對母子象，正在原野上漫步步。

他鎖定了母象，先是開了一槍，沒想到竟沒有射中，反而驚動了象群，只見這對母象和小象，忽然慌張地奔逃起來。

但就在這個時候，獵人發現母象的速度變慢了，於是再次瞄準目標，又補了一槍。

就在母象倒下之前，獵人這才發現，原來母象之所以速度變慢，竟然是為了小象，因為牠的孩子還小跑不快，而先前的吼叫聲，似乎是催促著：「孩子，快跑啊！你不要管我，快跑，不要

停下來，快……」

不久，獵人還看見了更令人動容的一幕。

小象發現母親中彈了，著急地跑回到母親身邊，沒想到就在這個時候，母象實在支持不住了，「轟」地一聲倒下，壓倒正巧奔回母親身邊的小象。

「嘶……」母象與小象同時嘶叫了一聲，就像是彼此相互安慰的聲音。

那像是母象安慰著小象：「孩子，媽媽會保護你的！」

更像是小象安慰著母象：「媽媽，我來陪伴妳了！」

塵土揚起，大小象同時倒下、死去，獵人看著這份情深義重的親情畫面，忍不住低下了頭，因為他深感無顏面對。

獵人將這對大小象帶了回去，小心翼翼地將母象製成美麗標本，栩栩如生有如生命重現。

至於小象，因為在母親重壓下，幾乎面目全非，只剩小象腳是完整的，於是獵人小心翼翼地將象腳保留，並將它製作成美麗的「象腳花瓶」。

從此，獵人再也不打獵了，據說在他死後，家人幾乎將他的收藏全部販售，唯獨這只「象腳花瓶」留了下來。

因為，他在遺囑中特別指定：「這只象腳花瓶是無價之寶，我要你們捐給博物館，並讓世人們明白這只象腳花瓶中深蘊的涵義。」

其實，不必禪悟佛說，每個人都懂得什麼是犧牲的真諦，只要我們知道什麼叫做愛；一如故事中的大象與小象，因為親情的緣故，牠們知道該怎麼表現心中的無私大愛。

　　從母象的呵護中，我們看見了小象的關愛回眸，也領悟出必然存在於萬物情感裡的自然親情，一如人們常說的「養育」與「反哺」的自然關係。

　　母象倒下的那一幕，不僅震撼了讀者的心，更激起了獵人的惻隱之心，從中我們也看見了他對生命的深省：「生命是無價的，動物不應是人類的寵物或獵物，牠們和人類一樣皆屬天地萬物的一份子，牠們和人類一同站立在同等的生命起源與地位，疼惜牠們，也等於珍惜我們自己！」

善意的謊言也能成就幸福

為了讓生活更加祥和且溫馨，在適當的時候編織
些美麗謊言，不僅能促進社會和諧，更能讓每一
個人品嚐到幸福的滋味。

美麗的謊言大致可以分為兩種，一種是別有居心的蓄意欺瞞，
一種是本意善良的暫時隱瞞。

至於人們經常運用的是哪一項，我們最佳辨別的方式，就是
仔細聆聽發言者的言詞，是否充滿了對社會、對你我的真心關懷。

有個極為孝順的男子，聽見他雙目失明的母親說：「如果可
以的話，我實在很想看一眼你們說的花花世界。」

男子聽見母親這麼說，決心要讓母親的雙眼復明。

從此，男子上山下海，遍尋眾人公認的名醫，幾年下來，他
背著母親，訪遍了各地名醫，更造訪過各個傳說中懂得秘方的江
湖密醫，甚至連鬼神巫術等方法他們都嘗試過。

但是，無論他怎麼努力，母親的雙眼仍然一片黑暗。

不過，這個孝子一點也不氣餒，當他聽說，遠方的一座雪山
山巔有個天池，具有神奇的功效，心想或許那正是可以讓瞎眼復
明的聖水。

於是，男子背起了母親，往他們希望的目標前進。

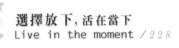
也不知道走了多久，他們歷經了千辛萬苦，終於來到了雪山的山峰。

然而，就在他們即將來到天池邊時，男子忽然倒了下來，只見他氣息奄奄地趴在地上，努力地想再將母親背起，繼續前進。

忽然，他模糊地聽見母親激動地呼叫著：「我看見了，這山好高啊！你看，那天池好美啊！水是那樣的清澈，孩子，你看見了嗎？」

男子聽見母親這麼呼喊著，激動地掉下了淚，用力地支持起身子，看了母親一眼，接著便倒下了。

男子安心地閉上了雙眼，因為在那一瞬間，他看見了母親的笑容，最終帶著滿臉的幸福與感動，永遠地睡去。

在此同時，母親再沒有聽見兒子的聲音，只見她輕輕地撫著兒子的頭，淚水緩緩地滑下。

在一片黑暗中，老母親伏在兒子的身上，靜靜地闔上了雙眼。

也許，有人認為那只是個善意的謊言，但換個角度看，能夠成全一個幸福的結果，謊言其實也算是真話了。

因為，趴負在男子身上的母親，已感受到兒子的愛與疼惜，她在黑暗中，用心看見了瑰麗的風景。

看著故事中的主角雙雙闔眼，沒有傷感的情緒，只有令人會心微笑的幸福感，這也是在激烈競爭的工商社會裡最缺乏的精神，一種處處為對方著想的體諒與關心。

其實，只要出發點善良，只要是為了讓生活更加祥和且溫馨，在適當的時候編織些美麗謊言，不僅能促進社會和諧，更能讓每一個人品嚐到幸福的滋味，那不是很好嗎？

別讓情緒性的字眼引發爭端

只要有可能觸及個人私利，我們就要小心說話，
目的不只是為了保護自己，更是為了避免無謂的
爭端。

從歷史故事中，我們不難發現一句話便輕易引來烽火戰事的
情況，所以發表個人意見時，要多加思索，不要誤用了一時的情
緒字眼，導致不該發生的仇視與對立。

說話是維持良好人際關係的藝術之一，得體的說話方式也是
一種社交禮儀，因此，說話的時候不要只想到自己而不考慮別人。

溫文儒雅的馬丁‧范布倫是美國第八任總統，自年輕時期開
始，便已展現出卓越的機智與吸引力。

不過，在政治活動中，他很少表達自己的意見，無論大家討
論得多麼熱烈，他都只是聆聽別人的意見，而不發表自己的見解，
因為他認為：「保留個人意見，更能聽見人們話裡的真假。」

在公眾場合中，他儘量避開像傑克遜那樣直接，更不會像約
翰‧亞當斯那般思想頑固，對於他這樣「八面玲瓏」的身段，有
人便嘲諷他施展是只知含糊其詞的「范布倫式的政治」。

對於人們的批評聲浪，與馬丁‧范布倫極為熟識的朋友曾這
樣說：「即使身為他最好的朋友，也不免要為他過度謹慎小心的

態度而擔心，因為，那會讓人們誤解，以為他缺乏政治人物應有的道德與勇氣，或質疑他無力應付各種緊急情況。」

當年，范布倫還是位參議員時，就曾在關稅問題上做出令人迷惑不解的表現。

那天，他先闡述了對一般關稅的看法，最後卻讓人摸不著頭緒地宣佈：「我將支持任何適度、明智，且有益於促進國內生產的關稅法令。」

這時，有人不解地問范·布倫的朋友諾爾：「諾爾先生，他的這番話立著點在哪一邊兒啊？」

沒想到諾爾也搖了搖頭，答道：「我也在思考這個問題。」

後來，貴為總統的范布倫在白宮招待會上接見客人時，也是賓客之一的亨利克萊對他說：「能有這麼多朋友齊聚，您一定很偷快吧！」

可是，范布倫總統卻回答：「嗯，天氣真好。」

還有一次，有個參議員與人打賭，說他能誘使范布倫說出「肯定」的話語。

只見這位議員走到范布倫面前說：「據傳太陽是從東方升起，你認為呢？」

誰知，范布倫卻回答：「嗯，我知道這是大家一致公認的情況，但是，我從未在黎明前起床。」

有位哲人曾經這麼勸告世人：「因為情緒而行事，只會莽撞草率地毀壞自己，應該讓心情冷靜下來，讓自己的頭腦更加清醒。」

逢人只說三分，那不是因為過分疑心，而是聰明人知道「言多必失，禍從口出」的道理，特別是像范布倫一般的從政人物，

「謹言慎行」四個字對他們來說,是再重要不過的事。

其實,不是只有在政治環境要小心發言,在這個多元社會的中,不論我們身處在什麼樣的工作環境或人際關係中,只要有可能觸及個人私利,我們就要小心說話,目的不只是為了保護自己,更是為了避免無謂的爭端,為了維護大多數人的生活利益。

我們都曾經有過言多必失的情況,看著范布倫的小心翼翼,聰明的你想必更加明白「說好話不如行好事」的處事道理吧!

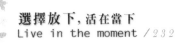
生命力隨時都能重現

不論阻礙多麼巨大，也不管環境多麼惡劣，只要
不放棄，我們必定能發現生機，一定能看到充滿
希望的明天。

　　無論生活多麼平順，每個人都一定會遇到挫折。

　　在這些大小不一的困難中，只要我們不放棄，生命力量會隨
時展現，支持著我們等待良機，並盡力協助我們克服萬難，好讓
生命之光重現。

　　那年，為了重整倫敦的市容，並開闢新的街道以利市景，倫
敦開始提出計劃，也準備拆除許多老舊的房屋。

　　然而，日子一天又過了一天，新道路不僅遲遲沒有動工，已
收購的舊樓房更是像廢墟般閒置在原地，經過長時間的風吹雨淋，
這個角落像是被遺忘似地，早已失去了生氣，連住在附近的人們，
也寧可繞道而行，不願再踏進這塊廢棄的土地。

　　直到有一天，有一群生物學家來到了這裡。

　　他們發現，這片多年荒廢的地區，竟然已發展出一個自然天
地，滿地的野花與野草正生氣盎然地搖曳著。

　　更令人驚訝的是，在這堆花草中，有許多花草竟是他們在英
國從未見過的，那些通常只生長在地中海沿岸的花草，如今竟在

倫敦的一角滋生。

　　於是，生物學家們開始研究，這些花草為什麼能出現在這裡；很快地，他們找到答案了，一切竟緣於這些已經倒塌的樓房。

　　原來，這些樓房大都是古代古羅馬人沿著泰晤士河攻進後建造的，而那些花草種籽也在當時同時引進。

　　只是，它們長久被壓在沉重的石磚底下，無緣接受日光雨露的照料，因而阻礙了它們的生長空間，直到房舍倒塌後，部份磚瓦被搬移，深埋在房屋底下的種籽，終於重見天日，並展開了堅韌的生命力。

　　看著從瓦礫堆中積極重生的小花，我們也看見了生命的無限可能。人不也應該如此？我們要怎麼樣從挫折中發現出頭伸展的縫隙，那始終都得靠我們自己去找尋啊！

　　靜心地閱讀著這篇短文，我們發現，陽光、空氣、水竟不是種籽最重要的生長助力，最重要的滋養力量源於它自己。

　　這也說明了，無論生命本身多麼脆弱，萬物始終都存有著絕對的生命韌性。

　　從中我們也領悟到，不論阻礙多麼巨大，也不管環境多麼惡劣，只要不放棄，我們必定能發現生機，只要能像故事中的小花小草堅強等待，我們都一定能看到充滿希望的明天。

母愛是最珍貴的自然天性

對於至親們的關愛與用心呵護，自己是否曾將之
視為「理所當然」，是否曾時刻提醒自己要知道
反哺？

母愛的可貴在於母親無怨無悔地犧牲，只問付出不求回報。

你有多久沒有聆聽父母的殷殷垂詢了呢？又有多久沒有看見
父母溫暖的微笑臉龐了呢？

請不要以生活壓力當藉口，忽略這些聆聽與探視的小動作，
因為懂得積極行動的人，都一定是最幸福的人，他們知道，世上
最珍貴美麗的情感，叫作「親情」；而你我最應該珍惜不放的愛，
叫作「母愛」。

有位鄉下女人嫁給了一位老實的農夫，原本就居住在偏僻農
村的她，如今卻來到了更加偏遠的小山村。

她來到這個閉塞的村落後，日子過得更加困苦也更不自由，
情緒在這個封閉的環境中壓縮，變得越來越鑽牛角尖，脾氣也越
來越差了。

幾乎每天都對丈惡言相向的她，怎麼也沒想到，丈夫在兒子
出世後沒幾年便去世了，而她自然也背負起養育兒子的責任。面
對仍嗷嗷待哺的孩子，婦人為了撐起這個家，看起來相當辛苦。

村裡的人們看見她這麼命苦，都非常同情，有人更建議她：「妳不如改嫁吧！不然妳怎麼養得活兒子呢？以後妳還不見得能靠他養老送終啊！還是快找個人嫁了吧！」

婦人聽完鄰居的勸說，只搖了搖頭，什麼話也沒說便回到屋裡去了。

婦人始終都不肯再嫁，努力將兒子拉拔長大，到了他能自己走路時，母子倆便搬到一個小鎮上。

孩子長得很快，她看著兒子長高長大，而且聰明好學，為了孩子的未來，婦人決定搬到大城市，讓孩子有更多的學習機會。

省吃儉用的她，努力地讓孩子讀到中學，又讓他上大學，而爭氣的男孩在學業有成後，決定要出國留學。

婦人聽了兒子的抱負之後，也點頭支持，儘管她的心中有著不捨，然而她只將情感放在心中，接著便四處籌錢，好讓兒子能實現夢想。

這個目不識丁的婦人，不懂得什麼叫環境造人的道理，她只有「一切都為了兒子好」的母愛天性。

這段故事，是著名的翻譯家傅雷在自傳裡述說的，一個關於母親給他的愛與支持的真實人生故事。

看著故事裡傅雷母親的奮鬥過程，雖然我們同時也看見了她情緒上的反應，但是當她盡力地發揮母愛天性之後，那些一時的情緒抒發，自然顯得微不足為道了。

如果你曾經觀察過母雞孵蛋的情況，你就會發現牠們竟能不被農場主人的餵食吆喝聲所誘，讓人驚訝於母雞為了孵育下一代的毅力。

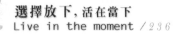

　　當我們回想起曾經聽聞的母愛故事，從那些爲了子女而犧牲的母親身上，我們再次地證明了：「自然天性中最爲珍貴的寶藏，正是母愛！」

　　從遠古的孟母三遷故事，到今日被喻爲「現代孝子」的父母們，身爲子女的我們，是否更應當時刻反省，對於至親們的關愛與用心呵護，自己是否曾將之視爲「理所當然」，是否曾時刻提醒自己要知道反哺？

行動後自然能找到方向

> 沒有行動就沒有方向可言，無論我們腦海中的座
> 標如何清晰，沒有實際向前划行的動作，終將被
> 浪潮沖往更遠的孤島。

作家哈瑞‧艾默生‧福斯狄克在《洞視一切》一書中曾經這麼說：「斯堪的那維亞半島人有一句俗話，我們都可以拿來鼓勵自己：北風造成維京人。」

不論遭遇多艱困的難題，都要冷靜思索，然後鼓勵自己採取相對應行動。

別讓完整的未來計劃空轉，你看，每個人一開始的目標不是都一樣嗎？但為什麼最後的結果會有如此大的差異呢？

那是因為，當開始「行動」的人積極前行，只流於「空想」的人仍然在原地踏步，結果當然會出現極大的差異了。

這天，漁民們一如往常地將漁網撒下，然後靜靜地等待豐收的時刻。

過了一會兒，他們用力地拉起了漁網，沒想到一隻魚也沒有捕到，只捕到了一只玻璃瓶子。

有位漁民氣憤地說：「又是垃圾，現在的人怎麼這麼沒有公德心！」

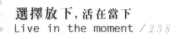

　　只見另一位漁夫彎下了腰，仔細地看了瓶子，忽然對其他人說：「咦？瓶子裡似乎有東西！」

　　於是，他拿起了瓶子，並將瓶子裡的「紙張」拿了出來。

　　他打開了紙張，接著一字一字地唸給大家聽：「有誰來救救我啊！我困在這裡，大浪將我沖到了一個無人島上，我現在站在岸邊，等著人們來救救我，請你們看見這張紙後，快來救我啊！我在這裡！」

　　有位漁夫聽完後說：「上面沒有日期，現在去救他，大概來不及了吧！我認為這個瓶子可能在海上漂流了夠久了。」

　　另一個漁夫也說：「是啊，地點沒標明，我們怎麼知道哪個海洋啊！」

　　而讀求救信的這位漁夫則說：「我想，應該不會太遲，也不會很遠，因為海洋上到處都有名叫『這裡』的小島啊！我們快點想一想。」

　　幾個漁夫仔細地望著大海，認真地想了又想，但是他們怎麼也想不出來，無人島到底在何方。

　　從漁夫們的冷漠態度中，我們很快地便被導向現代社會來深思，因為關於人與人之間的冷漠，不也經常發生在你我的身上？

　　看著漁民們一人一句，竟然不是在討論怎麼展開救人的行動，而是推託「不知道」小島的方向，甚至最終因為「想不出」該從哪個方向前進，而放棄了救援行動，於是，我們也看見人們「事不關己」的冷漠慣性。

　　到底小島的方向在哪裡？到底我們應該用什麼樣的方法或姿態，伸出援手？意外發生時，在我們心中所盤繞著的，到底是什

麼樣的態度呢？

　　就像故事中的漁夫們，他們一定知道海洋上有哪些無人島，只是他們想不想行動罷了，就像我們遇見「與我無關」的意外時，多數人都抱著「別多管閒事」的態度，因為現實社會中，多數人凡事都從「自己」出發，讓現代人越來越發冷漠自私。

　　小島的方向真的找不到嗎？

　　其實，答案是否肯定，在每個人的心中早已有譜，只是深入故事中的寓意，即使答案已經決定，我們不妨再次深省，從「光說不作」中找出的答案，真的會得到最正確與最好的結果嗎？

　　沒有行動就沒有方向可言，無論我們腦海中的座標如何清晰，沒有實際向前划行的動作，終將被浪潮沖往更遠的孤島。

PART 10

再辛苦的難關
也一定能走過

時間一定會帶走所有困頓，

所以我們一定要努力上進；

只要一過了這個難關，

下一步我們就會來到夢想的天空。

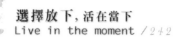
為愛犧牲，更要為愛珍惜

真正的愛不一定要犧牲，如果兩個人有著患難與共的心，支持的力量反而會讓我們戰勝一切難關！

　　為愛犧牲，不如好好地珍惜你的真愛。

　　有人說，愛情的基本是要懂得犧牲兩個字，然而事實證明，一味地犧牲反而更容易讓愛情破碎。

　　因為，犧牲更多時候代表著放棄，一旦放棄，想再將對方的心挽回，恐怕再也沒有機會了。

　　小靜正獨自一個人在公園裡散步。她擁有著挺直的鼻，鼻樑下方則配搭了一只小巧迷人的嘴，再加上那雙水汪汪的大眼睛，人們只要一看見她，都忍不住要多看好幾眼。

　　今天，她穿了一件黑色的風衣，肩膀上則披著白色的絲巾，這一身簡單素雅的裝扮，更突顯出她的非凡氣質。

　　「咳！」小靜忽然滿臉痛苦地摀著胸口。

　　糾結的眉心讓人看了都感到心疼，看護人員嘆了口氣，對著身邊的人說：「可憐的女孩，當她聽見男朋友去逝時，竟得了肺炎，如今，她的生命時間正一天天地消逝中。」

　　「咳！咳！」

　　小靜又咳了好幾聲，知道自己的疾痛會傳染給別人，善良的小靜與人群越走越遠，有時候連家人要來為她打氣，都拒絕見面。望著遠方，這時突然颳來了一陣風，將小靜身上的絲巾吹落到地上，但有些失魂落魄的她似乎一點也不在意，只見她帶著滿臉的愁容，繼續往前走去。

　　就在她信步走到小徑的盡頭，準備折返回來時，正巧迎面走來一個男子。

　　這個男子的臉上一點表情也沒有，小靜看了他一眼，男子則冷冷地將手中的白色絲巾遞給了小靜，小靜接過手後，正準備出聲道謝時，卻見男子的臉上出現了很奇怪的神情。

　　小靜看見男子臉上的變化，忍不住猶豫了一下，最後連謝謝也沒說，便匆匆地收起絲巾，轉身離去。

　　不久，小靜病況轉惡，她痛苦掙扎了二天之後，最後還是很不幸地去世了。

　　沒想到過了三天，看護人員聽說幫小靜拾起絲巾的男子也死了，連遺言也未留完：「我們真的很相愛，我們都……」

　　最重要的是，看護人員還打聽到一個消息，那個男子也是位肺炎患者！

　　看完了故事，聰穎的你是否也看出故事裡的玄機？

　　為了保護女孩，男孩忍痛犧牲自己的愛意。也因為愛，男孩堅決離開女孩的身邊，獨自忍受相思苦楚。

　　然而，當我們在看完故事之後，相信許多人都要忍不住斥責老天爺的捉弄：「兩個人都已經病了，為了什麼還要刻意地隔開？兩個人都已經不再見面了，為什麼還要安排這樣的巧遇？」

重新勾起了思念，於是我們忍不住猜測著，真正把他們推進死亡圈的手，不是重病，而是兩份無法割捨的思念。

於是，因為這份思念的痛苦，讓我們忍不住思量：「要怎樣為愛犧牲才值得，是獨自承擔，還是一起分擔？」

愛情的標準因人而異，為愛犧牲的程度也因人而異，我們無法找到犧牲的絕對值，也無法設計出標準值，我們只能給與天下有情人一個建議：「你可以為愛做出犧牲，但更要懂得珍惜，因為真正的愛不一定要犧牲，如果兩個人有著患難與共的心，支持的力量反而會讓我們戰勝一切難關！」

關懷是支持生命的最大力量

只要你願意接納和擁抱每一個人，你的生活不僅
會充滿快樂陽光，生命也會燃燒得燦亮動人。

證嚴法師曾經說：「要生活健康，心靈富有，就一定要有愛心。」

支持生命的力量雖然很多，但卻只有愛，才會讓我們的生命更加積極；唯有願意付出關懷的人，才能真正地享受生命的樂趣與幸福。

有個垂垂老矣的婆婆，每天只能坐在陽光下熬日子，面對枯燥乏味的餘生，坐在搖椅上，經常忍不住叨唸著：「我好像聞到棺材味兒了！」

每當一想到這裡，原本被太陽曬得通紅的臉，頓時又失去了生氣。悲觀消極的她，經常覺得自己活在世上是多餘的：「是啊，我是一堆快被世界分解掉的垃圾！」

有一天，頹喪的老婆婆又在胡思亂想時，身後突然出現一個小女孩的聲音：「奶奶，我好餓喔！您能不能給我一點吃的？求求您！」

老婆婆看著眼前又臭又髒的小女孩，惻隱之心油然而生，一

邊拉著女孩進屋找吃的，一邊則親切地問著：「孩子，妳的家人呢？」

女孩泛著淚光說：「我沒有家人！我是個孤兒！」

老婆婆拿出了一塊麵包和牛奶，和善地對小女孩說：「慢慢吃吧！等會兒奶奶幫妳洗澡，好不好！」

小女孩一聽，用力地點了點頭。從此，這間屋裡又多了一個小女孩的身影，每當老婆婆在後院曬太陽時，小女孩都會守在她的身邊。

每當老婆婆又忍不住嘆息著自己就快死時，小女孩都會拉著她的手，著急地說：「奶奶，您不會死的！您不能死啊……」

婆婆每次聽見小女孩著急地哭了，都會將她抱在身邊，安慰說：「好，好，奶奶不會死！」

女孩一天一天長大了，為了孩子的未來，老婆婆開始出去工作，由於年事已高，只能撿拾些破酒瓶來換錢。雖然生活吃緊，但是老婆婆卻十分努力地四處尋找可以回收的酒瓶。

其實，死神來找老婆婆好幾次了，然而每當老婆婆嗅到死神氣味時，她都會喃喃說道：「再過一陣子吧！那孩子還需要我！」

死神似也被老婆婆的大愛所感動，每當老婆婆從氣息奄奄中忽然精神抖擻起來，人們也相信真有「死神」這一回事。

小女孩終於長大了，然而，長大後的女孩卻找到了新的依靠，與一位年輕人走了，從此沒有再回到老婆婆的身邊。

這天死神又悄悄地來了，倚在窗邊的老婆婆，眼神正凝望著遠方，似乎期待著奇蹟能夠出現般。

死神搖了搖頭，說：「時候到了，我們走吧！別再等了！」

只見老奶奶安詳地點了點頭，雙眼從此闔上，當人們發現她時，卻見她滿臉堆滿了笑容。

　　當我們看見老奶奶帶著笑容離開人間，我們感受到了施惠者的快樂感受，也明白了時時懷抱愛心的好處。

　　不必太在意女孩的一去不回頭，因為那不是故事中的重點，也不是老奶奶撫養女孩的最終目的，對老奶奶來說，臨老還有個活力十足的小娃娃來陪伴，即使付出再多，也是歡喜甘願的享受。

　　看著老奶奶晚年燭光如此熱烈地燃燒，你是否明白了關懷的好，又是否願意從此刻開始，把無私的關懷時刻放在心上呢？

　　張開雙手吧！只要你願意張開雙手，人們自然會上前給你一份熱情擁抱，只要你願意接納和擁抱每一個人，你的生活不僅會充滿快樂陽光，生命也會燃燒得燦亮動人。

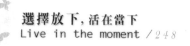

再辛苦的難關也一定能走過

時間一定會帶走所有困頓，所以我們一定要努力
上進；只要一過了這個難關，下一步我們就會來
到夢想的天空。

　　時鐘停擺的時候，換上了新的電池，看著秒針積極地前進，
聰明的人也領悟到，不管生活多麼沈重，一切都會過去！

　　放下心中的怨忿哀愁，因為一切都會過去，不要被眼前的逆
境給圍限，只要堅強地熬過下一秒鐘，我們便能嚐到苦盡甘來的
滋味。

　　如琳從小就對祖母留下來的桃花木盒很感興趣，特別是那個
工藝精美的銅鎖，在如琳的爸爸經常擦拭之下，保持得十分黃亮。

　　「裡面裝了些什麼東西呢？」小如琳雖然經常看見父親拿出
這個小盒子，但是卻從未見過盒子裡的東西，一直到十七歲生日
的那天。

　　「如琳，妳過來。」

　　只見父親拿出了祖母的小木匣遞給了如琳：「打開它！」

　　如琳有點懷疑地看著父親，因為這麼多年來，不管她央求父
親多少次，他從來都說：「不可以。」

　　如琳的爸爸似乎看出了女兒的遲疑，用力地點了點頭。

　　於是，如琳小心翼翼地打開了盒蓋，裡面有一個繡花包，不過這個繡花包看起來鼓鼓的。

　　「咦？裡面還有東西！」如琳心跳得非常厲害，感覺興奮莫名。小荷包打開了，裡面竟是一包針和幾綑線！

　　如琳吃驚地看著小荷包，這時，父親對她說道：「孩子，這是妳祖母留下來最珍貴的財產，我和妳叔叔他們全靠妳祖母這些針線，一點一滴把我們扶養長大。妳祖母去逝前，只留下了這個盒子，她要後輩子孫們知道，只要能勤奮上進，再辛苦的難關都能走過。」

　　如果你邊聽著一曲傳統歌謠，邊閱讀這篇文章，心中定然會充滿感動，看著如琳奶奶的桃花木盒，我們也看見了上一代努力傳承給下一代的希望。

　　在早期的台灣社會中，有著所謂的針線情，當年，我們可以在加工出口區看見一個個充滿風霜的面容，更會在她們的面容上發現一份堅毅的韌性女工們為了下一代，更為了她們所愛的一切，將血汗全編織在一件件織品裡，我們也看見了她們希望的未來。

　　「時間一定會帶走所有困頓，所以我們一定要努力上進；只要一過了這個難關，下一步我們就會來到夢想的天空。」這是老奶奶放在桃木盒裡的深意，也是她留給後輩子孫們最珍貴的遺物！

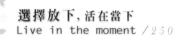
懂得尊重才是真正的愛

缺乏包容與尊重的人際交流，很難擁有美好結
局，缺乏包容與尊重的愛情追逐，無法擁有美好
的成果。

謙虛的微笑最是美麗，包容的臉龐最是溫暖。

當我們的目光投注在美麗的微笑裡便再也無法移動，當我們
的心思專注於包容的臉龐中便會感受幸福的滋味。

無論我們正在經營什麼樣的情感，都不能忘記：「不管是愛
情、友情還是親情，包容與尊重是串起這些情感的重要環扣！」

在街角的一間獨棟公寓頂樓，有個美麗的女子正站在陽台上
乘涼，她那似水般的雙眸以及微風吹拂的秀麗髮絲，總是不經意
地引得路人駐足欣賞。

「那是誰家的女孩？真美！」路過的人們總是這麼讚美著。

有一天，有個男孩經過此地，也和大家一樣被女孩的美麗吸
引，也忍不住地停下腳步，仔細欣賞。

但是，男孩這一停足，從此再也離不開了，因為他完全被女
孩的美貌所迷。

有一天，女孩準備出門時，男孩立即上前表示友好：「小姐
您好，我十分喜愛您，能不能和您交個朋友？」

女孩滿臉傲氣地看著男孩，接著便不屑地說：「好哇！如果你真的那麼喜歡我的話，請你站在陽台下一百天，我自然會下樓來找你。」

男孩果真實行了，無論颱風下雨，從來都沒有離開過。

「明天就是第一百天了！」驕傲的女孩忍不住想看看那個男孩。然而，就在這個時候，她卻看見那個男孩緩緩地站了起來，提起了椅子若無其事地走了。

女孩一看男孩居然走了，竟難過得暈了過去。

把頭抬得高高地看人，人們當然無法感受到你的情感，更別提他們是否能接受你了。

畢竟，多數人不懂得經營一份充滿距離感的情感，更因為難以估量到收穫多少，寧願放棄，一如故事中的男孩。

如果外表的美麗僅止於外表，醜惡的內在最終還是會被發現。因為外表的包裝一向很薄，只要輕輕一碰觸或是步伐再靠近一些，我們不難發現內裡的物件，了解到這樣的愛戀不值得付出！

領悟了故事想告訴我們的旨意，還高掛著傲氣的人們，是否已經開始收斂起氣焰呢？

缺乏包容與尊重的人際交流，很難擁有美好結局，缺乏包容與尊重的愛情追逐，無法擁有美好的成果。

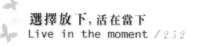

懂得分享，才是真正享受

對你來說，什麼才是你生命中最寶貴的東西？是
錢？是文字？還是健康？又或是情感？懂得分
享，才是真正享受。

真實地分享你的生命，不必隱藏，因為你分享得越多，人們
回應給你的真實情感將會更多！

能將情感真實地展露出來，人們才會誠摯地接納你，倘若這
是你生活中是重要的目標，你將不自覺地展露出生命的自信。

岸邊走來了一個有錢人、一個拳擊手、一個高官和一名作家，
他們來到渡船邊，同時要求擺渡人載他們渡河。

但是，擺渡人卻出了道難題給他們：「沒問題，但是你們要
把自己最寶貴的東西分一點給我，不然別想搭我的船。」

有錢人拿出了一筆錢，擺渡人立即笑著說：「請上船！」

這時拳擊手舉起了他的大拳頭說：「這個你吃得消嗎？」

擺渡人一看，微笑換成了一個苦笑：「也請上船。」

已經想了很久的高官，這時說：「你送我過河之後，就別做
這麼辛苦的工作了，不如到我府第裡工作吧！」

擺渡人聽了非常開心，連忙上前扶他上船。

接著，作家則說：「我最寶貴的東西是寫文章，但我現在一

時也寫不出來，不如我唱首歌兒給你聽吧！」

　　擺渡人揮了揮手，說：「唱歌？我也會唱啊！如果你什麼都沒有，唱首歌也行，只要你唱得好，便送你到對岸去。」

　　作家清了清嗓子，接著便唱了起來，但他還未唱到一半便被擺渡人打斷：「你唱這什麼歌？真難聽。」

　　說罷，他便撐起了篙子，離了岸。

　　作家呆坐在岸邊，只見暮色越來越濃了，不禁想起等在家裡的妻兒們，還期待著他手中要來的米。

　　又冷又餓的作家，心中一陣酸楚：「為什麼會這樣呢？唉！我從未做過壞事，老天爺為何要這樣待我！」

　　「你這個嘆息聲比剛才唱的歌好聽呢！現在，你已經把最寶貴的東西分享出來了，請上船吧！」

　　擺渡人忽然靠岸，作家吃驚地看著擺渡人的改變，船夫似乎看出作家的困惑，笑著說：「剛剛你已經把心中最真實的感受和我分享了！」

　　作家終於來到了對岸，思索剛剛擺渡人說的那番話，深覺：「船夫說得真好，如果作家沒了真實的情感，創作之路當然無路可走了！」

　　第二天，作家來到了岸邊，擺渡人已經不見了，因為他決定到高官家工作了。作家看著船，心想：「我不如來做擺渡人吧！」

　　少了財富的誘惑和權力的壓迫，他以誠摯的情感運送每一位客人，也要求乘客們能以真情回報。

　　工作一段時間後，作家從中有了領悟：「我竟然從未改行啊！原來，創作和擺渡一樣，都是要把人渡到前方去。」

　　看似不同的分享方式，其實有著共同的特質，那便是故事中的人物因應本身的背景，都將身上最真實的東西分享與擺渡人，像有錢人的金錢、拳擊手的拳頭、高官的權力，以及作家創作時的真情。

　　也許，有人要質疑金錢及權力的真實性，甚至對拳擊手伸出的拳頭嗤之以鼻，但是我們若能仔細分辨，對有錢人來說，金錢不正是他人生最真實的東西嗎？高官一生追求的真實目標不正是權力嗎？至於拳擊手的拳頭，不正是他生命的全部？

　　那麼對你來說，什麼才是你生命中最寶貴的東西？是錢？是文字？還是健康？又或是情感？

　　聽見作家的嘆息聲，你是否也感受到作家的真實心聲？看見有錢人大方分享金錢，你是否也感受到富翁真實的金錢慾望？

　　懂得分享，才是真正享受。

　　當作家最後領悟「人渡人」的終極目標時，我們也領悟了擺渡人分享的寓意：「渡，為了跨越到另一個境地，所以等著人渡，當船夫渡送我們到了彼岸後，繼續往前走，我們都將發現，接下來我們也要伸出雙手去引渡另一個人，而這才是人生的真諦。」

為了擁有，我們必須學會犧牲

因為貪婪，我們鮮少願意為世界犧牲，只知道向
自然索求，因為私我，我們總是期待別人能多付
出一些。

想擁有，我們必須先有所犧牲；先犧牲，我們才會擁有。

因為，擁有和犧牲是絕對互補的，這是千古不變的定律，也
是避免人們過分貪婪的自然法則。

一場突如其來的大雨，讓山上的洪水開始翻滾而下，正在工
地裡休息的工人們聽見了山洪爆發的聲音，全都驚醒了過來。

忽然，有個人叫喊了一聲：「洪水來了！」

現場所有的工人們開始慌張地奔逃，一路往北狂奔，最後來
到一座狹窄的獨木橋頭。洪水聲越來越近，大水已經淹到了他們
的腳，只見一群人全擠在橋邊不知所措。

這時老工頭突然站到人群的前方，冷靜地說：「這座橋十分
狹窄，大家排成一列，不要推擠，一個一個地走過去，年輕人排
在最後！」

人群中有人叫喊著：「年輕人也是人啊！」

老工頭一聽，冷冷地說道：「想早點走的話，就到我這兒來
登記啊！」

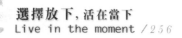

　　大家看見老工頭滿臉不悅，不敢再多說什麼，一百多名工人們很快地排成了一列，依序從老工頭的身邊走過了獨木橋。

　　洪水越淹越高，忽然，老工頭發出了一個怒吼聲：「你還是個人嗎？」

　　接著，老工頭從人群中拉出了一名小伙子，罵道：「你最後一個走！」

　　年輕人被拉在一邊，忍不住狠狠地瞪了老工頭一眼。

　　所幸，這個小插曲沒有影響到隊伍前進的秩序，就在木橋快要抵擋不住水勢的同時，工人們幾乎都安全地來到了對岸，除了老工頭與年輕人。

　　水已經深及他們的胸膛，情勢十分危急，對岸的人們紛紛著急地呼喊著：「快過來啊！」

　　只見年輕人催促著老工頭：「你先走！」

　　但老工頭卻怒吼著說：「少廢話，你先走！」他用力地推著年輕人上橋，但就在這個時候，一聲轟然巨響，木橋斷了！

　　老工頭親眼目睹年輕人落入洪水中，原本嚴肅的臉登時充滿了悲痛，就在他張口想叫喊時，一個大浪忽然打在他的身上，兩個人同時消失在湍急的洪水中。

　　工人們眼看著老工頭與年輕人雙雙被洪水吞沒，卻無力上前救援，全跪在岸邊哭泣。

　　五天以後，洪水退了，一個滿臉哀傷的老太太被人攙扶著來到岸邊，她是來這裡祭奠被洪水吞沒的兩個人：「老頭子，你還算有兒子相伴啊！而我卻只有一個人哪！」

　　工人們聽見老太太的哭喊，忍不住都紅了眼眶。

　　看著父親指導孩子要懂得為大愛犧牲的畫面，也看見為了親情犧牲的畫面，閱讀至此已經有許多人紅了眼眶，再見到最終老太太不捨親人的畫面後，相信許多人早已感動得不能自已。

　　故事結束時，你是否也忍不住會問自己：「相同的事情如果發生在我身上，我會怎麼取捨？」

　　生長在強調個人主義的現代社會中，我們早已習慣以自己為中心，處處只為自己著想。因為貪婪，我們鮮少願意為世界犧牲，只知道索求；因為私我，我們總是期待別人能多付出一些，自己卻不願多為他人著想。

　　省思至此，看見故事中工頭傳遞出來的「為他人犧牲」的精神，我們除了感動外，是否也該想想：「我是否太本位義了呢？又是否忽略了他人的感受，以及與生命之間互動時的真正需求？」

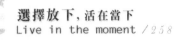

待人真誠，才會產生共鳴

待人真誠，我們才能享受動人的畫面，因為溫厚
的心意，我們才能嚐到生命中的幸福感受！

感動的淚光必須發自內心，因為虛情假意人們始終都感受得
到，因為不是發自真心的感受，再多的淚水也不會出現亮麗光芒。

在缺乏光芒的淚水中，我們也看見，在他們心中少有生命的
共鳴，當然也鮮少表現出對生命的關愛。

有個熟識高爾基的作家，曾寫了一篇關於高爾基流淚的故事，
文中，作家回憶著他遇見高爾基的四次流淚的情景。

那一天，高爾基聽聞契訶夫去世的消息之後，一整天都沉默
不語。

直到晚上，有人在廣場上施放煙火時，他才走出門口，對玩
煙火的人們說：「別放煙火，契訶夫剛剛去世了！」

當時，這位作家聽得出來，高爾基的聲音有些顫抖，當然也
看見了他眼角閃爍的淚光。

再一次，是和高爾基一起看電影時。

銀幕裡，出現了一個小孩躺在鐵軌睡覺，轉換個鏡頭是一列
火車正急疾馳來，忽然，鏡頭又切換至另一個畫面，有隻小狗冒

死迎向火車跑去，牠想要阻止火車前進，拯救牠的小主人。

　　這一次，高爾基被這隻忠勇的小狗感動，淚光在黑暗中靜靜綻放著。

　　第三次是在斯默爾尼宮的群眾聚會上，當大會結束時，全體起立高唱歌曲時，那撼動人心的宏壯歌聲，再次讓高爾基熱淚盈眶！

　　第四次是在彼得格勒車站裡，那天高爾基踏上火車後，站長說司機和爐工想和他見面，高爾基欣然同意：「那是我的榮幸！」

　　就在他的手與四隻粗糙的手緊緊相握之後，高爾基的眼眶再次紅了。

　　從高爾基的感動淚水中，我們也看見了一顆容易感動的心，如此易感的心，其實也十分容易觸動他身邊的人。

　　因為，人們會忍不住跟著他的腳步，一同欣賞或感受身邊的人事物，並且會不自覺地和他一般，只要事物輕輕觸動，便會跟著墜入易感的漩渦中。

　　心意真誠的人很容易被周遭的細微事物感動，因為他們心中懷抱著善良，對生命也充滿了關愛之情。

　　對他們來說，萬物自然是一切的根本，他們習慣以寬闊的胸襟來付出關懷，就像高爾基觸碰到司機手上的厚繭一般，心思細膩的他，再一次地觀察到細微的生命付出，並讓淚水傳達出他的領悟：「別小看這個粗糙的手繭，就是這個手繭，我們才能有今日的發達與便捷！」

　　從煙火到小狗救主的畫面，再到火車司機手上的繭，我們看見了高爾基的觀察入微，更敬佩他對人的關心、體貼與尊重，這

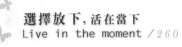

些也是你我在人際交流時最為重要的事。

　　正因為待人接物時真情以對，所以高爾基的淚水總是能觸動每一個人，同時我們也領悟了故事中的旨意：「待人真誠，我們才能享受如此動人的畫面，因為溫厚的心意，我們才能嚐到生命中的幸福感受！」

只要冷靜堅持，一定能找到出路

人生難免會有許多慾望和期望，只要我們能冷靜
堅持，無論多大的阻礙，生活始終都會有出口。

從許多科學家或音樂大師的故事中，我們不難發現，讓他們經常廢寢忘食的目標只有一個，那就是他們在獨一無二的工作或自己喜歡的事務上，一再地堅持：「好，還要更好！」

不追求物質享受，專心致志就是成功的不二法門。

陳景潤是位著名的數學家，終日埋首於數學世界裡，幾乎廢寢忘食，與人絕緣，就連與家人之間的見面時間，竟然也有安排，像是與妻子的見面每天僅有二十分鐘，與兒子相處的時間則是一星期六十分鐘，其他關於食衣住行或家務分工或開支等事，一概不過問。

然而，有一天，他卻心血來潮，突然對妻子說：「我幫妳買菜。」說著，便拿起了妻子手上的菜籃子，走下樓去，往附近的菜市場前進。

但是，當他來到市場後，只在攤販前轉了轉，最終卻又什麼也沒有買，因為他的心又飛回到他的書房與數學程式中了。

沒想到就在他轉向準備回家時，突然忘了來時路了。

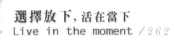

　　他在大街上轉了又轉，竟怎麼也找不到距離菜市場只有幾十公尺路程的家門。

　　於是，他不得不開口問人。

　　然而，就在他準備開口請問時，竟連門牌號碼也想不起來了，接著竟見他逢人便問：「請問，我的家在哪兒？」

　　路人聽見他這麼問，都以為他腦袋有問題，紛紛躲開了他。

　　這時，陳景潤又想：「咦？那我的家又是誰的家呢？」

　　數學研究慣性的反證思考，讓陳景潤聯想到了另一種發問的方式，只見他問道：「請問，陳景潤家在哪裡？」

　　這時，正巧有個友人走了過來，一看見朋友竟然這麼問話，不禁笑著說：「你不就是陳景潤嗎？」

　　於是，這個認識陳景潤也了解陳景潤，但陳景潤對他一無所知的人，像帶著小孩似地，小心翼翼地將陳景潤安全地帶回家。

　　等了半天，卻不見丈夫歸來的陳妻，了解丈夫的情況後，從此再也不敢讓丈夫獨自下樓了。

　　從那一天起，陳景潤更深埋於他的數學王國中。有人說，他很幸運，若不是他學有專長，成就非凡，怎麼可能得到這麼多人照顧，又如何能在複雜的社會中獨力生存？

　　不過，有人則反駁，鑽研於數學中的陳景潤，若不是思想單純，滿腦子除了數學還是數學外，又怎麼能幾十年如一日地在數字上鑽研，進而得到世所矚目的「哥德巴赫猜想」，即後來人們統稱的「陳氏定理」。

　　生活中難免會有許多繁瑣的事，人生也難免會有許多慾望和期望，但是在這麼多的生活需求中，有多少人能讓每一項都圓滿

達成呢？

　　故事中的重點並不要顛覆生活常識的認知，而是要提醒我們：
「我的人生目標到底在哪裡？」

　　從大數學家的突發狀況中，應當另有深省，深省我們自己目前所投注的工作或夢想，是否也像陳景潤般全心全力，廢寢忘食。

　　看著忽然迷路的陳景潤，再看見他靠著專業能力而找到人生的出路，我們不也得到了另一種證明，證明只要我們能冷靜堅持，無論多大的阻礙，生活始終都會有出口。

PART II

快樂烹調你的幸福人生

培養興趣是一項重要的生活條件，

在興趣中建立目標，

不但能使自己活得快樂，

也能讓人感受到蓬勃的生命力。

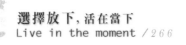

用你的熱情執著來感動人心

生命中最光彩的一段，往往需要一些執著，熱愛
你所追求的事物，不輕易說放棄，才能感動自
己，也感動他人的心。

美國演員華倫・比提曾經如是說：「在人生中，你會碰到真
心熱衷某事的人，而有時候，或許自己也熱衷同樣的事。你必須
珍惜這些關係，持續地保持這種熱情。」

美好一面被呈現時，背後往往有許多不為人知的辛酸。一首
動人的樂曲、感人的篇章、讓人陶醉的作品問世前，需要不斷思
考、反覆嘗試，最後才能在無數次的失敗中出生。

真正讓人感動的，是從其中透露出來的精神。

還記得大學時，因為一個動人身影而選擇進入舞蹈性社團，
伴隨音樂所呈現完美的她，讓人的眼光再也移不開。

等到自己真正開始練舞時，卻是苦不堪言，連基礎的熱身拉
筋，都會痛得哇哇叫。

那時萌起了一股念頭，或許自己並沒有天分，運動細胞是零，
永遠也無法跳出曼妙的舞姿。

快放棄時，一位前輩告訴我，我所嚮往的她，在最初入社時，
練舞的狀況比現在的自己還糟上好幾倍。

　　這位前輩說，她不僅沒有音樂細胞，拍子永遠抓不到，肢體動作僵硬，就像個機器人一樣，更慘的是，她非常容易頭暈，只要一兩個轉圈，馬上出現暈車、暈船的症狀。

　　當其他人像閒暇娛樂般輕鬆跳完舞回去休息時，她總是一個人留在鏡子前，一遍又一遍地跳著，每一個動作，都花上很長的時間練習，轉圈轉到頭暈，吐完了還是繼續轉下去。

　　此外，為了彌補音樂細胞的不足，她還把所有的曲子錄回去，反覆聆聽……

　　聽完之後，我簡直不敢相信，完全無法想像只有利用短短幾年課餘的社團活動時間，可以讓一個完全沒有接觸過舞蹈又沒天分的人，練出有如舞蹈系出身般的成就。

　　因為這席話，讓我在社團待到畢業，也留下幾次美好的舞台經驗。

　　音樂大師史達溫斯基在一次音樂獎的頒獎典禮上被問到，什麼事情是他一生中最感動、驕傲的時刻？是功成名就？還是掌聲響起？

　　結果這位音樂大師的答案，讓許多人打從心底感動不已。他說：「每當當我在思考創作時，我會不停地思索著一首新曲中的每一個音符是要 Do 還是 Mi。當我終於在所有音符中找到它時，那便令我最感動的一刻。」

　　許多觸動心靈的故事，不一定發生在風光的一面。掌聲中落下的淚水，不僅是因為亮麗舞台上的自己，而是辛辛苦苦一路走來的堅持。

　　想要揮灑生命中最光彩的一段，往往需要一些執著，以及不

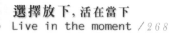

放棄的精神，熱愛你所追求的事物，不輕易說放棄。

只有這樣，才能感動自己，也感動他人的心。

美國著名的醫師作家麥克斯威爾‧馬爾茲告訴我們：「想像你對苦難做出的反應，不是逃避或繞開它們，而是面對它們，和它們打交道，以進取的和明智的的方式進行奮鬥。」

在人生的道路上，每一步都要確實落下，認真生活，未來再回首時，我們才會為自己努力的生命而感動。

人與人交往也是如此，想要有圓融的人際關係，就必須充滿熱情用心經營，才能收穫豐碩的成果。

快樂烹調你的幸福人生

培養興趣是一項重要的生活條件，在興趣中建立
目標，不但能使自己活得快樂，也能讓人感受到
蓬勃的生命力。

所謂圓滿的人生，通常會有一個奮鬥的目標。但是當這個目標完成，或者永遠不可能實現時，人生是否從此就失去意義了呢？

那些努力工作、辛勤一輩子的人，卻在退休後的短短幾個月內，成為老年癡呆症患者，或是就這樣離開人世的例子時有所聞。本該享清福的晚年就這樣結束實在可惜，那麼之前的奮鬥，到底為的是什麼？

歸納原因，是因為他們退休後突然閒了下來，生活沒了目標與重心，終日無所事事，不知如何打發時間，因此腦袋鈍了，也失去了生活的動力。

布魯若先生退休後不久，他的妻子就過世了，使他承受重大的打擊。才六十五歲的他一夕之間蒼老許多，每天悲傷地望著妻子的相片發呆，要不就坐在電視機前面動也不動，直到睡著。他不再與朋友來往，把自己關在屋子裡，就像從這個世界蒸發了一樣，慢慢地人們也忘了他的存在。

日子一天一天過去，他的女兒見到父親仍未脫離喪妻之痛，

感到焦急萬分，不停思索著該如何才能提振父親的精神。記得母親在世時，父親是個隨時隨地都充滿活力的人，幾乎沒有什麼事能難倒他的，現在她到底要怎麼做才可以重新喚回父親對生活的熱情呢？

　　一個下午，女兒提著大包小包的食材，和一份小禮物去探望布魯若。看著女兒放到他手上的東西，布魯若好奇地詢問。

　　「那是我送你的禮物。」女兒邊說邊把帶來的食材放進冰箱，布魯若打開禮物一看，原來是本食譜。

　　「這是給初學者使用的烹飪書。我擔心你天天吃罐頭食品會營養不良，所以送你這本書。」女兒貼心地坐到父親身邊翻開食譜：「這裡面有你喜歡的菜色，像是義大利通心麵、奶油燉白菜、烤肉捲……等等，希望你空閒的時候可以嘗試做做看。需要的材料我幫你買好了，就放在冰箱裡。」

　　女兒離開後，布魯若先生將食譜從頭到尾認真地翻了一遍，並仔細研究，直到肚子發出咕嚕聲，這才想起該吃晚餐了。於是，他走到廚房，按照書上的指示，一步步地嘗試製做他最愛的奶油燉白菜，令他驚喜的是，沒想到煮出來的奶油燉白菜味道出乎意料的好。

　　從此，布魯若先生愛上了烹飪，料理成為他生活中的一大樂趣，而且那不再只是單純滿足於填飽肚子，他更要求食物烹調出來的美味。當他對自己的烹飪技術十分自信後，便開始邀請朋友到家中品嚐，如此一來，不僅可以在大家面前顯露一手廚藝，看到每個人吃得津津有味的幸福模樣，布魯若先生也因此而感到無比快樂。

　　「烹調」讓布魯若的生活有了新的開始，更讓開朗笑容重回到臉上。

如果人活著是為了達成目標,那麼,為了讓自己活下去,就必須學會尋找、建立目標。許多人把工作當成一種興趣,但是人會老,身體機能也會跟著退化,必定會有力不從心的一天,因此培養第二興趣是必要的。

　　培養興趣是一項重要的生活條件。在興趣中建立目標,不但能使自己活得快樂,更能讓人感受到蓬勃的生命力。

　　故事中的布魯若先生能從烹調中發現新生命,這也說明了生活中有許許多多的小細節正等待著我們去挖掘與尋找,只要認真烹調生命,說不定還能因此發現自己擁有未知的天分呢!

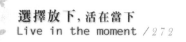

用好奇心創造生活奇蹟

我們對事情的處理方式大都維持在能過就好，即
使對某方面滿是疑問，也不會有仔細的探究。

　　美國企業家薩姆‧沃爾頓談及自己的成功法則之時，曾經說
過：「不要理睬世襲的聰明，當大家都按同一個固定模式行事之
時，你不妨獨闢蹊徑，按另一種不同模式去做，這樣才可能獲得
成功。」

　　確實如此，想要獲得成功，就要充滿好奇心，不要人云亦云。

　　假期裡，許多強檔好戲接連上映，在冷氣房中享受聲光效果，
讓感官與心智沉浸於精彩絕倫的電影之時，不免要慶幸自己生在
這個進步的時代。

　　但若要真正的飲水思源，感謝讓我們享受電影的那個人，可
能要說到一位賽馬迷——邁布里奇。

　　邁布里奇是一位英國攝影師，最喜歡的活動是賽馬。一八七
二年的某個下午，他和朋友因為「當馬兒全速奔跑時，四個蹄是
否完全離地」這個問題各執一詞，在賽馬場上爭論得面紅耳赤，
誰也不肯讓誰。

　　後來，他們想出一個辦法來判斷誰對誰錯，只見兩人在賽馬

場上架設了二十四台照相機，每台相機的快門都用一條線連著，再將線拉到馬奔跑的路徑上，當馬將線扯斷時，快門也會自動按下。就這樣，用相機仔仔細細拍攝下一段段馬兒奔跑的過程。

根據拍下的相片，他們終於得出一個確實的結論，那就是，當馬全速奔跑時，四蹄的確是離地的。

只是，賽馬跟電影有什麼關係呢？當然，如果只有這些佐證用的相片，日後是不可能有電影出現的。

其實，得到答案的兩個人並沒有因此而感到滿足，他們接著將拍下來的照片，以等距離的方式鑲在圓盤上，當轉動圓盤時，他們驚奇地發現，馬真的「奔跑」了起來。

這個發現傳到了偉大發明家愛迪生的耳中，引起了他的高度興趣，經過不斷地研究與嘗試，具有劃時代意義的電影放映機終於問世了！

所謂抽絲剝繭，順著一條線索不斷尋找，便會有驚人的發現，如果淺嘗即止，就沒有今天電影的誕生。

當我們快樂地看著電影，屏息等待名偵探科南一層層解開謎題，揭開真相時，心中充滿著無限的刺激感，等到答案公佈時，那種放下懸著一顆心的快感是難以言喻的。

但是，日常生活中，我們對事情的處理方式大都維持在能過就好，即使對某方面滿是疑問，也不會有仔細探究的精神。這樣的生活態度讓我們成為任人擺佈的傀儡娃娃，可能偶爾會驚覺今天的困惑之線似乎繃得自己有點痛，但大多數人卻不會找到繩頭，將線放鬆一點。

是怕麻煩？還是有其他的原因呢？得過且過、不求甚解的做

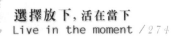

事方法似乎已成為現代人一種通病。

別把疑問永遠放在心底，不要讓自己成為差不多先生。

抽絲剝繭就像剝洋蔥般，每剝開一片，總教人淚水直流。或許，探究事情的過程中會碰到許多困難，但挖掘出新發現的喜悅感及難以估計的價值，絕對值得我們勇敢嘗試。

生活處處見智慧，知識時時可積累

學習不僅來自書本，除了讀有字的書，也要讀無字的書。從生活中去吸取經驗，才能讓自己的視野更寬廣。

古希臘哲學家柏拉圖說過一句名言：「知識是塑造高等人類的要素。」

許多偉大事情的完成，都以擁有知識為根本，知識的累積則是學問結成的果實。學問是永遠不停止的進步與學習，任何人只要有一顆真誠願意學習的心，那麼他的天賦跟偉大的人其實沒有什麼差別。

學習，就像耕田一樣，不管原本的土壤有多麼肥沃，如果不去翻土、播種，不勤於耕種，就不會有收成的一天。

每個人都需要學習，從學習中才能得到更多東西，改變自己的命運。

迪士尼樂園設計師之一——世界級建築師格羅培斯，當年在迪士尼樂園即將開放前，仍然沒有替各景點間的銜接道路想出一個具體的方案，那時他心裡十分焦急，深怕趕不及開幕時間。

當時，巴黎正好舉辦慶典活動，當活動結束後，煩惱不已的他決定到鄉間走走，放鬆情緒，看看能不能找出靈感來。司機駕

著車開往地中海，格羅培斯一路上看著汪洋的海景，腦裡仍是一片空白。

汽車開入法國南部的鄉間公路，道路兩旁滿佈的葡萄園，是當地農民賴以維生的農作。一路上空空蕩蕩，只有一片又一片的果園。當車子彎進一座小山谷時，出現在眼前的是一輛輛停在路旁的汽車，而且為數不少，格羅培斯感到很好奇，請司機停下車來，並走上前探究原因。

原來，一群人在這裡下車是為了一座無人看守的果園。

這座果園的主人是一位老太太，因為年事已高，無力處理水果買賣事宜，因而在路邊放置一個小箱子，並豎立一個牌子，上面寫著：「只要投入五法郎，你就可以帶走一籃葡萄。」

沒想到這方法卻吸引了很多人前來，因為遊客一方面可以選擇自己要哪一串葡萄，另一方面又可以享受田園之樂，於是在這條綿延百里的葡萄產區，老太太的葡萄總是最早賣完的。

格羅培斯在箱子裡投入了五法郎，走進葡萄園，挽起袖子，開心地摘了一串又一串的葡萄，葡萄裝滿一籃後，才心滿意足地離去。一回到住所，格羅培斯馬上拍了一封電報給迪士尼樂園的施工單位：「灑上草種，提前開放。」

原本預定半年後才開放的迪士尼樂園開始營業，這會兒讓大家都摸不著頭緒，原本還在日夜趕工擔心會趕不上開幕，如今不知何故卻提早結束工程？

格羅培斯笑笑地告訴大家，他有自己的考量。

半年後，草地上被踩出許多小徑來，這些小徑有寬有窄，有大有小，自然地遍佈在園區裡。第二年，格羅培斯要工人按照這些踩出來的痕跡鋪設人行道。

一九七一年在倫敦國際園林建築藝術研討會上，迪士尼樂園

的路徑設計被評為世界最佳設計。

　　這位世界級的設計師從一位經營果園的老婆婆身上得到靈感，學習她面對困境時的態度，改變買賣方式來解決難題。

　　學習不僅來自書本，除了讀有字的書，也要讀無字的書，從生活中去吸取經驗，才能讓自己的視野更寬廣。

　　人生下來，再簡單的動作都需要經過學習與模仿。學習是終生的，並不會因為離開校園而停止。不過，學習之時必須心態柔軟，學習之後必須靈活運用；如果光讀死書，卻不會活用學問，那麼一個書呆子比愚人還不如。

　　我們要立志當一個乾燥的海綿，努力吸收學問，積極充實自己，才能讓自己的人生更加飽滿、圓融。

不當影子，你就是個發光體

停止當個文抄公，也別當個應聲筒，更不要成為
一個「失聲」者，找出自己的風格，不要再當個
傀儡娃娃。

做別人的影子永遠受限於光源，雖說學習的開始確實是來自
於模仿，但是模仿久了，就該找出自己的風格。

做人也一樣，如果為了某些因素，而不敢或者不懂得說出自
己的聲音，那麼也只是個受控於社會的傀儡。

世界上有許多人是運用自己的特質而創造成功，任何人都可
能是其中一個，只要我們能夠珍惜且認識自己。

有一種產在南方的鳥，名字叫做鴝鵒，又稱為八哥。

南方人捕捉牠後，將牠的舌頭剪成圓形，再經過一些時日的
訓練，就能模仿人類說話。雖然只能學上幾聲，說不出太多話，
也變不了什麼花樣，但仍深受到人們的歡迎。

因為捕捉不易，加上訓練困難，八哥的身價不凡，大家都以
擁有一隻八哥為傲。

每天下午，擁有八哥的主人都會把牠帶到樹蔭下，一群人就
圍著鳥籠，逗牠開口說話。當牠好不容易冒出一句人話之後，所
有的人都會拍手叫好，嘖嘖稱奇，許多孩子甚至不厭其煩地試著

要教牠講更多的話。八哥每天受到那麼多人的恭維，尾巴總是翹得高高地，好不威風。

有一天，當主人帶著八哥在庭院中休息時，突然聽見一陣蟬叫聲，主人忍不住閉上眼睛陶醉地聽著，並對旁人說：「蟬叫聲真是自然的天籟啊！」

八哥聽在心裡非常不高興，覺得世界上叫聲最美妙的動物非自己莫屬，因為牠會講人話。等到主人離開後，八哥就對中庭裡的蟬說：「你的叫聲真是可笑極了，連一句人話都不會說，還能稱得上是天籟嗎？」

蟬一點也不生氣，回答說：「雖然我不會講人話，卻可以唱出任何我想唱的曲子，至於你，就只能重複著那些人們要你說的話，卻永遠無法說出自己心中真正想說的話。你能像我一樣，說出自己真正的心聲嗎？」

八哥聽了忍不住低下頭，為自己之前驕傲的態度感到羞愧，從此以後，再也不模仿人類說話了。

法國作家莫洛亞說：「充滿自信的人多麼令人身心舒展！即使是最平常的言行舉止，也會放射出明亮的光芒。」

的確，自信是最好的化妝品，即便相貌平平的人，只要充滿自信，就能找出屬於自己的獨特魅力。

同樣是演奏別人的作品，為什麼演奏家會有高下之分呢？差別就在表達的方式，每個人所融入的情緒都不同，自然會帶給人不同的感受。

就算是相似度再高的雙胞胎，也能找出相異之處，每個人都是不同的個體，沒有誰可以取代誰，人生道路更是如此。

　　然而社會上，像八哥一樣只懂得模仿別人的人很多，他們的心中缺少了自己的想法，就像某個商品風行時，大家一窩蜂爭相模仿，造成產品氾濫，最後能撈到利益的人卻屈指可數。

　　要讓生命更圓融、更成功，就必須發揮創造精神；欠缺創造精神的人，只會被時間的洪流無情地淘汰。

　　停止當個文抄公，也別當個應聲筒，更不要成為一個「失聲」者，找出自己的風格，不要再當個傀儡娃娃。

　　該說就說，該做就做，勇敢當自己。

人生路程，可以自己決定

選擇一種適合自己的方式，該直走就直走，想轉彎就轉彎，只要腳步輕盈，快樂上路，就是最有價值的人生。

許多人為了追求符合理想的生活，按照計劃一步步地往前進，然而，很多時候當他們終於走到最後一步時，才驚覺自己不過是繞了一圈，去尋找身邊早就存在的東西而已。

人生路程如何走，其實沒有絕對正確的途徑，一切只是取決於行動的價值觀。

有些人認為，要在一定的後盾下，才能真正的享受生活；有些人則是活在當下，今天擁有什麼，就過怎樣的生活。即使終點都是同一個，過程中所獲得的感受卻是截然不同的。

重要的是，不要後悔自己所選擇的途徑，並且要能辨識自己尋找的東西，是否走別條路也可以到達目的地。想讓自己的人生過得更圓融，必須全盤考量評估之後才採取行動。

在一個風和日麗的下午，一位漁夫將魚線上餌，丟入水中後，便懶洋洋地躺在河邊。他不時釣起一條條銀色鯉魚，然後又重複著同樣的動作，偶爾吃吃手邊的三明治外加一罐汽水，在溫暖的太陽下吹著涼風打發時間。

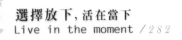

　　當他正將一條鯉魚拉上岸時，身邊走來一個穿著講究的商人。打量漁夫一陣子後，商人開口說話：「你為什麼不一次多放幾條線呢？」

　　「什麼？」漁夫疑惑地問著商人。

　　「一次多放幾條線的話，就可以釣到更多魚，不是嗎？」商人告訴漁夫。

　　漁夫頭也沒抬，繼續手邊的收線工作，說道：「要那麼多魚幹什麼？」

　　商人對漁夫的反應感到吃驚：「可以拿去賣啊！」

　　然後，商人開始說起他的經銷之道：「要是有很多魚，就能拿去賣，賺進一大筆錢，然後開家魚店。有了一家店之後，就可以開第二家、第三家，僱用更多人幫忙，最後還可以開魚貨批發市場，將魚賣到全國，甚至可以買艘大船，到外海捕魚，增加魚貨種類。」

　　「到時候，你就是個大富翁啦！」商人像做了場美夢般，下了結論。

　　漁夫喝了一口汽水，面無表情地說著：「有了錢以後呢？」

　　商人聽了這句反問差點跌倒：「當你成了有錢人，想做什麼就做什麼，再也不用擔心怎麼過日子，你可以整天無憂無慮地躺著，甚至可以輕輕鬆鬆地釣魚打發時間。」

　　漁夫放下汽水，抬起頭微笑看著商人：「我現在就在做你所說的事！」

　　漁夫所要的，只是一種屬於自己的悠閒生活，至於錢財的多寡，對他而言並不重要。

　　當然，商人所說的也沒有錯，有了錢，的確可以過自己想要的生活，而且保障後半輩子即使釣不到魚也不用擔心餓肚子。

　　不過，世事的變化總是難以預料，沒人可以擔保未來的發展能按照自己編排好的劇本進行。

　　當你正汲汲營營地追求任何東西時，不妨先停下腳步思考片刻，那個東西能給你帶來什麼？是不是你所想要的？

　　當你在做某件事時，可以有意識地進行，也可以在無意中達成。你只須選擇一種適合自己的方式，該直走就直走，想轉彎就轉彎，只要腳步輕盈，快樂上路，就是最有價值的人生。

改變心態，就能改變未來全集
——想扭轉情勢，先改變自己的態度

弗列德利曾說：「兩個人從同一座城堡，由內往外望，一個望的是泥土，另一個望的是星星。」

這句話告訴我們，如果你用不同的心態看問題，最後得出的答案，勢必也會有所不同，因此想要擁有什麼未來，其實完全在於你用什麼心態面對現在。

荷馬曾經如此寫道：「如果能在希望中獲得力量，當然在絕望中，同樣也能獲得。」

通常，當我們陷入絕望境界的時候，往往會對未來抱著悲觀和沮喪，但是，假如我們可以改變心態，把絕望當成是希望來臨之前的曙光，那麼我們即可輕輕鬆鬆地改變原本不被我們看好的未來。

感謝折磨你的人全集──面對挫折篇
——將折磨你的人，當成自己的貴人

韋斯曾經寫道：「挫折，決定你的人生是否能在困境的時候發生轉折。」

人的一生當中，難免會遇到各式各樣的困難和挫折，想要成功，就必須學會勇敢面對。

生命不可能沒有創傷，人生不可能盡是坦途，應該試著把挫折當成重要的轉折。

只要是人，都具備忍受不幸、戰勝困境的能力，重點在於你懂不懂心存感激，藉著這些折磨激發出自己的驚人潛力。

唯有將折磨自己的人，當成生命中的貴人，你才能適時扭轉自己的命運。

別為小事折磨自己全集
——不要為了小事浪費生命

德國思想家康德說：「生氣，就是拿別人的錯誤來懲罰自己。」

使我們感到憤怒、懊惱、痛苦、悲傷的，往往是日常生活中種種芝麻細事，如果你不能妥善運用智慧，使自己成為生活的主人，你就會淪為生活的奴隸，這些小事就會日復一日地折磨你……

伊索曾經在寓言中寫道：「有頭腦的人如果夠聰明，往往會把折磨自己的小事，化為成就大事的動力。」

的確，一個有智慧人絕對不會為了小事而折磨自己，因為在他的人生字典中，沒有一件小事可以左右自己的想法和看法。

學會放下，活在當下全集
——放下負面想法，才是走出困惱的最好方法

文壇大師白先勇曾說：「命運異於常人時，你只有去面對它，並接受它，若一味逃避、怨憤、自憐，都無法解決你的難題。」

人生絕大多數的困惱，都來自於偏執和妄想。我們總是沉迷於無法挽回的過去，總是幻想著不可預知的未來，既不願試著放下，也不願好好活在當下，才會讓自己的生活滿是迷茫、愁苦與怨悔。

走出人生泥沼的最好方法，就是「學會放下，活在當下」。學會放下，你的內心就不會有過多煩惱與怨懟；活在當下，你的腦海就不會堆滿不切實際的妄想。

用機智代替幼稚全集

──動不動就憤怒，只會突顯你的幼稚

亞里斯多德曾說：「要說發脾氣，誰都會，這並不困難，難的是當你發脾氣的時候，懂得如何掌握分寸，懂得採取適當的方式，最重要的是懂得用機智來代替憤怒。」

的確，一個只為生氣而生氣的人在盛怒之下，那條舌頭就像一匹脫韁的瘋馬，而一個真正有智慧的人，在盛怒之下，則會用自己的機智，去駕馭那條可能變成瘋馬的舌頭。

用舌頭代替拳頭全集

──想要罵人一定要先動動腦筋

柏登曾經寫道：「用舌頭罵人，不用用腦袋罵人。」

因為，只會用「舌頭」罵人的人，嘴中容易出現一些情緒性的不雅字眼，雖然可以抒發自己一時的情緒，但是卻無法有效解決問題，相反的，懂得用「腦袋」罵人的人，卻可以讓自己不必在口出惡言的情況下，輕鬆地達到罵人的目的。

詹姆斯曾說：「當對方以為你一定會罵他的時候，你卻一言不發，往往是最高明的罵人方式。」的確，在該罵人的時候，卻保持異常的沉默，往往要比你口出惡言把對方罵得狗血淋頭的效果要好上許多。因為，如此一來，自認為一定會遭到你責罵的人，心中反而會有一種比被你責罵還要大的無形壓力。

女人一定要愛自己全集

──想愛別人，一定要先懂得愛自己

歐里庇得斯曾說：「不論自己討不討人喜愛，女人應該永遠站在自己這一邊。」

的確，即使再沒有人愛的女人，也一定要懂得如何珍愛自己，因為，如果連妳都討厭自己，那麼又如何期望別人來愛妳呢？

波爾瓦曾經寫道：「即使一個相貌平平的女人，也能從自己的臉上找出只屬於她自己特殊美麗的地方，足以讓她陶醉。」

其實，每個人的長相，不論長得如何平庸，都是獨一無二、無可取代的，如果妳懂得欣賞自己那些別人無法發現的「美麗」地方，那麼你就會找到為何一定要愛自己的理由。

改變心情，就能改變事情全集

──用美好的心情來主導事情的方向

留埃斯曾說：「事情的成敗，是由心境造就出來的，在不同的心境之下，有人功成名就，有人卻一敗塗地。」

正因為如此，當你在處理事情的時候，必須先處理自己的心情。只要能在處理事情之前，稍微改變一下面對事情的心情，或許你就會恍然發現原本讓你棘手的事情，頓時變得簡單容易。

作家羅蘭曾經寫道：「處理事情的一個法則，應該是用美好的心情來主導事情的方向。」

即使在山窮水盡的時候，只要我們肯改變一下心情，或許就能讓自己面臨的絕境露出柳暗花明的曙光。

人生絕大多數的失敗和煩惱，其實都源自於錯誤的心態，才會讓自己陷入自怨自艾的心靈禁錮之中。想要改變自己的未來，首先必須改變自己的心態。

感謝折磨你的人全集—學會放下篇
——不要用哀怨的心情看待這難過的事情

有位詩人曾説:「不要帶著哀悼的眼光檢視過去,要明智地放下過去,設法改變現在,如此才能讓自己擁有希望和未來。」

其實,人生難免都會有不順遂的際遇,傷心難過也合情合理,但是,千萬不要用哀怨的心情看待這些讓自己傷心難過的事情,而要毅然決然地學會放下,撥開原本佈滿烏雲的內心,迎接燦爛的陽光。

貝佐茲曾經寫道:「如果想要成功,就必須試著把每次的折磨當作人生必經的考驗。」

其實,贏家與輸家的差異就在於各自用什麼心態去看待折磨自己的事。

贏家通常懂得用感謝的心態面對每件折磨自己的事,因為他們知道沒有折磨,自己就不會有所成長。至於輸家則是總是會用抱怨的心態逃避折磨自己的事,導致讓折磨變成自己人生最痛苦的事。

日子難過,也要笑著過全集
——帶著微笑度過那些讓你難過的日子

俄國作家赫爾岑曾經寫道:「一個人不僅要在歡樂時微笑,也必須學會在困難中露出笑容。」

因為,路再長也有終點,夜再黑也有盡頭,日子再難過,還是得想辦法過,與其愁眉苦臉地抱怨生活中的種種苦痛,還不如用微笑面對。

所謂「難過」的日子,並不會因為你用愁眉苦臉的方式面對,就會自動消失,因此,既然「哭著活」也是一天,「笑著活」也同樣是一天,那麼何不選擇笑笑地度過那些「難過」的日子?

不要讓心情做決定全集
——不用情緒解決問題,才能化阻力為助力

古羅馬思想家西塞羅曾經寫道:「人如果拋棄理智,就會受感情的支配;脆弱的感情氾濫到不可收拾,就像一艘船不小心駛入深海,找不著停泊處。」

確實,生活中最糟糕的狀況,莫過於任由情緒牽著脖子走,凡事全看心情好壞做決定。因此,當你準備處理事情之前,一定要記得先處理自己的心情,千萬不能任由心情代替理智做決定。

薩迪曾説:「理性如果被感情掌控,就如同一個軟弱的人落在潑婦手中。」

的確,當情緒控制一個人的時候,理智就形同遭到綁架。當你考慮如何解決問題時,千萬不能帶著仇視、憎恨、憤怒……等等負面情緒,否則就會淪為情緒的奴隸,做出讓自己後悔莫及的事。

用幽默代替沉默全集
——人際 EQ 篇

大文豪高爾基曾説:「假使過分認真嚴肅地看待人生,那麼人生就會枯燥乏味。」

的確,「人生」自古以來就是「這樣子」,不如意的事情佔了十之八九,當我們面對不盡如意的人生,與其選擇用惡劣的情緒面對,還不如用幽默的心情因應。

塞涅卡曾經寫道:「化解衝突的最好良藥,就是含有幽默感成份的機智。」

動不動就爆粗口,和別人發生衝突,不但突顯自己弱智,也會讓人際關係越來越糟糕,唯有懂得運用機智和幽默化解衝突的人,才是令人稱讚的溝通高手。

用心追, 宅男也能把正妹全集

——你不能不知道的把妹心理學

楊格曾說：「男人只要肯用心，就會恍然發現，好女孩並不像自己想像中的那麼難追。」

的確，一個想把到「正妹」的男人，長得帥不帥並不是重點，重要的是你是否讀懂「正妹」的內心，懂不懂她的言行舉止代表什麼意思。

只要你掌握了把妹心理學，在「正妹」的面前用心展現自己，就算你是宅男，照樣可以把到正妹。

褒曼曾經寫道：「越是可望不可及的完美女人，其實在內心深處越是渴望有男人來敲自己的心房。」

一般男人面對一個大家公認的「正妹」，通常都會先入為主地認為她的擇友條件一定很高，事實上，「正妹」沒你想的那麼難追，對男人的要求也不像外界想像那麼苛。重點就在於，追求她的男人是否懂得女人的心理，用心表現出讓她打從心底感動的行為。

把話說進心坎裡全集

——活用語言魅力，把意見滲透到別人心裡

人際關係專家畢傑曾說：「如果你想把話說到別人的心坎裡，就必須知道如何利用別人最喜歡聽的話，間接傳達你想要傳達的意思。」

的確，同樣的一件事，用不同的兩種話來表達，最後的結果往往大相逕庭。

如果你可以在事前就知道你想要傳達的人喜歡聽什麼話，然後再用他喜歡聽的話間接傳達你的意見，那麼，對方欣然接受的程度肯定會高出許多。

如果你不知道如何把話說進對方的心坎裡，非但無法達成自己的目的，而且還會使自己處處碰壁……

改變心境，就能走出困境全集

——人生所有困境，都是由心境造成

卡耐基曾說：「人在身處困境時，適應環境的能力，通常比在順境更為驚人。」

的確，只要是人，都具備忍受不幸、戰勝困境的能力，重點就在於你懂不懂得適時改變心境，將這股只有在困境時才能顯現出來的驚人潛力發揮出來，幫助自己走出困境。

尼米茲曾說：「人生所有的困境，嚴格講起來，都是由自己的心境所造成的。」

確實如此，如果我們面對所謂的「困境」，內心不要那麼主觀偏執，如果我們遭遇所謂的「困境」，懂得適時調整自己紊亂的心境，那麼，我們就會發現自己原本認為的「困境」，可能就在一瞬之間成為幫助自己成功的「順境」。

感謝折磨你的人全集 ——面對逆境篇

——每個折磨你的人，都是你的貴人

作家霍桑曾說：「困難與折磨對於任何人來說，都是非常寶貴的磨練鬥志和毅力的機會；只有承受得起別人無法承受的折磨，才能夠讓自己成為真正的贏家。」

每個挫折磨難都是鍛鍊精神意志，增加本身能力的絕佳機會，正因為如此，當我們成功地超越人生困境，首先要感謝的，往往不是那些安慰呵護我們的人，而是那些平日折磨我們，讓我們避之唯恐不及的人。

感謝那些折磨我們的人吧！每個折磨我們的人，都是生命中的貴人！如果沒有這些人的折磨，我們就不可能激發突破人生瓶頸的潛力；沒有這些人的折磨，我們也不可能突破人生的各種逆境，將生命提升到另一個境界。

生活講義

154

選擇放下，活在當下

作　　者　千江月
社　　長　陳維都
藝術總監　黃聖文
編輯總監　王　凌
出 版 者　普天出版家族有限公司
　　　　　新北市汐止區康寧街 169 巷 25 號 6 樓
　　　　　TEL / (02) 26921935 (代表號)
　　　　　FAX / (02) 26959332
　　　　　E-mail：popular.press@msa.hinet.net
　　　　　http://www.popu.com.tw/
　　　　　郵政劃撥 19091443 陳維都帳戶
總 經 銷　旭昇圖書有限公司
　　　　　新北市中和區中山路二段 352 號 2F
　　　　　TEL / (02) 22451480 (代表號)
　　　　　FAX / (02) 22451479
　　　　　E-mail：s1686688@ms31.hinet.net
法律顧問　西華律師事務所‧黃憲男律師
電腦排版　巨新電腦排版有限公司
印製裝訂　久裕印刷事業有限公司
出 版 日　2019 (民 108) 年 8 月第 1 版
I S B N◉978-986-389-650-0　　條碼 9789863896500
Copyright◎2019
Printed in Taiwan ,2019 All Rights Reserved

國家圖書館出版品預行編目資料

選擇放下，活在當下 /
千江月編著. —第 1 版. — ：新北市, 普天出版
民 108.08 面；公分. - (生活講義；154)
ISBN◉978-986-389-650-0 (平裝)
CIP◎177.2

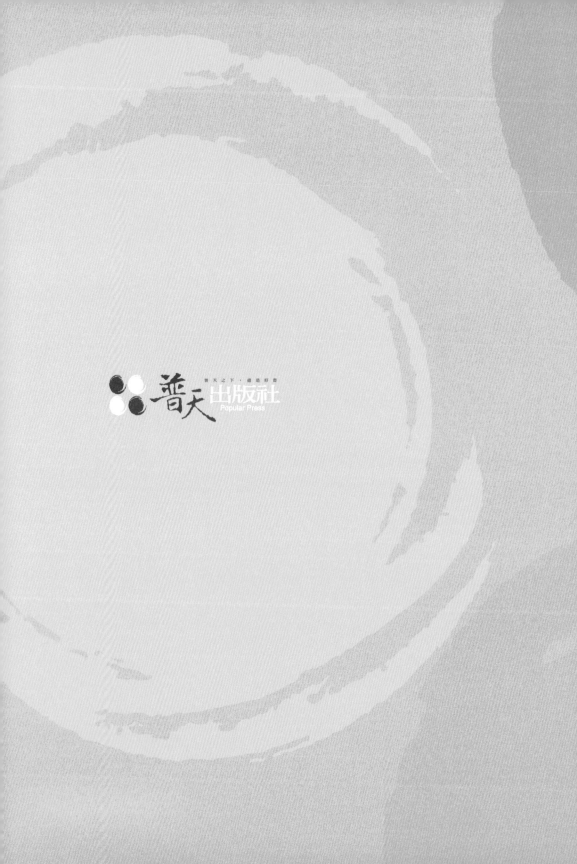